Wie kann ich Firefox sofort im Privat-Modus starten?

Per Privat-Schaltfläche anonym surfen

Frage: *Ich verwende Firefox überwiegend im Privat-Modus, um keine Spuren im Internet zu hinterlassen Doch manchmal vergesse ich das Anklicken der* **Privat***-Schaltfläche. Meine Surfspuren bleiben dann ungewollt erhalten, und ich gefährde meine Privatsphäre. Lässt sich Firefox vielleicht sofort im Privat-Modus starten?*

Herr Radolo

Automatisch im Privat-Modus starten

Antwort: Ja, das geht! Starten Sie Firefox sofort im Privat-Modus, damit Sie die **Privat**-Schaltfläche erst gar nicht mehr anklicken müssen. So geraten Sie nicht mehr in Gefahr, den Klick für den Privat-Modus nach dem Start von Firefox zu vergessen.

In nur 5 Schritten richten Sie ein Symbol für den sicheren Firefox-Start ein

Praktisch: Firefox-Symbol anlegen

Ich zeige Ihnen hier, wie Sie ein neues Symbol für den Start von Firefox im Privat-Modus einrichten.

Sie haben dadurch weiterhin die Möglichkeit, Firefox auch im Standard-Modus zu nutzen.

Das neue Symbol für Ihren „Privat-Firefox“ erhalten Sie durch das Anlegen einer neuen Verknüpfung:

1. Klicken Sie die Firefox-Verknüpfung – also das **Firefox**-Symbol auf Ihrem Windows-Desktop – mit der **rechten** Maustaste an, und wählen Sie **Kopieren**
2. Bewegen Sie den Mauszeiger auf eine freie Stelle auf Ihrem Windows-Desktop, und klicken Sie dort mit der **rechten** Maustaste. Wählen Sie im Kontextmenü den

Befehl **Einfügen**. Das **Firefox**-Symbol ist nun doppelt vorhanden.

Firefox-Symbol umbenennen

3. Klicken Sie das **neue** **Firefox**-Symbol mit der **rechten** Maustaste an. Im Kontextmenü wählen Sie **Umbenennen**. Ändern Sie den Namen des Firefox-Symbols in **Firefox-Privat**.

4. Klicken Sie **Firefox-Privat** mit der **rechten** Maustaste an, und wählen Sie **Eigenschaften**.

5. Ergänzen Sie den Aufruf von Firefox im Feld **Ziel** um den Startparameter **-private** Ⓐ, und klicken Sie auf **OK**.

*Tragen Sie **-private** nach dem Anführungszeichen am Ende der Zeile ein, da der Aufruf sonst mit einem Fehler abbricht.*

Tipp: Verwenden Sie Firefox so häufig wie möglich im Privat-Modus. Durch Ihr neues **Privat**-Symbol ist dazu kein zusätzlicher Mausklick mehr erforderlich.

Sie brauchen nur noch darauf zu achten, dass Sie auf **Firefox-Privat** klicken und nicht auf **Firefox**, um geschützt vor Datenschnüfflern zu surfen. ❖

Was sind temporäre Internetdateien und wie lösche ich sie?

Spionage-Verdacht

Frage: *Ein Freund hat mir erzählt, dass Hacker meinen PC über temporäre Internetdateien ausspionieren können. Was sind temporäre Internetdateien, und wie lösche ich sie, wenn es wirklich erforderlich ist?*

Frau Edel

Jeder Browser legt temporäre Dateien an

Antwort: Windows verwendet temporäre Internetdateien, um das Laden von Internetseiten zu beschleunigen. Dazu werden zu jedem Browser separat Internetdateien heruntergeladen. Haben Sie den Internet Explorer, Firefox und Google Chrome in Gebrauch, sind auch drei Ordner mit temporären Internetdateien vorhanden.

Arten von temporären Dateien

Diese temporären Internetdateien werden bei Ihren Internetsitzungen gespeichert:

- Bilder von den aufgerufenen Internetseiten,
- eine Liste der von Ihnen besuchten Internetseiten,
- Ihre Texteingaben in Formularen und Suchmasken, wie Ihr Name und Ihre Anschrift,
- Passwörter.

Für Spionageprogramme und Hacker sind die temporären Dateien äußerst informativ, für Sie und Ihre Privatsphäre sind sie dagegen sehr gefährlich.

Zu den heruntergeladenen Dateien gehören zudem Skripte, also Programme in einer Programmiersprache wie JavaScript – und die können durchaus gefährlich sein.

Ein Beispiel: Sie rufen eine gefährliche Internetseite auf, und Ihr Antiviren-Programm warnt Sie vor einer Gefahr. Noch bevor Sie reagieren können, stürzt Ihr Browser ab und startet anschließend neu.

Antiviren-Programm warnt nicht

Die Gefahr: Die gefährliche Internetseite wird beim nächsten Browser-Start automatisch neu geladen, und die bereits heruntergeladenen Skript-Programme werden ausgeführt. Ein Download erfolgt diesmal nicht und daher warnt Sie Ihr Antiviren-Programm auch nicht!

Ihre 2 Schutzmaßnahmen vor Gefahren durch temporäre Dateien

Temporäre Dateien regelmäßig löschen

Löschen Sie daher die temporären Internetdateien regelmäßig. Das sollte am besten automatisch erfolgen, damit Sie keine Mühe und keinen Zeitverlust damit haben. Ich empfehle Ihnen diese zwei Schutzmaßnahmen:

Anonym surfen

1. Nutzen Sie so oft wie möglich die Funktion zum anonymen Surfen Ihres Browsers.

   - Dazu rufen Sie bei Firefox über das **MENÜ**-Symbol die Option **PRIVATES FENSTER** auf.
   - Bei Google Chrome heißt die entsprechende Option **NEUES INKOGNITO-FENSTER**.
   - Bei Edge und beim Internet Explorer ist es die Option **NEUES INPRIVATE-FENSTER**.

   Ihr Vorteil: Sobald Sie den Browser schließen, werden die temporären Dateien automatisch gelöscht.

Datenträgerbereinigung

2. Führen Sie einmal in der Woche eine Datenträgerbereinigung durch. Dazu rufen Sie mit [Windows] + [R] das **AUSFÜHREN**-Fenster auf und geben **cleanmgr.exe** gefolgt von der Taste [↵] ein. Führen Sie diese Datenträgerbereinigung für alle angeschlossenen Festplattenlaufwerke durch.

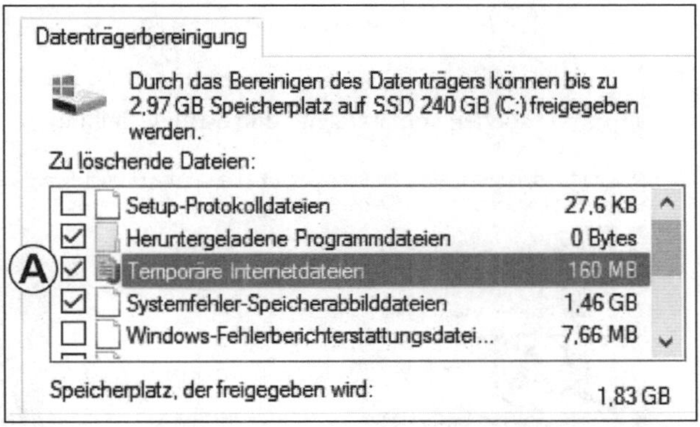

*Achten Sie darauf, dass der Haken vor **Temporäre Internetdateien** Ⓐ gesetzt ist, bevor Sie auf **OK** klicken.*

Ihr Vorteil: Die temporären Dateien und auch andere nicht mehr benötigte Dateien werden gelöscht. Sie gewinnen dadurch Speicherplatz zurück. ❖

Was bedeutet die Internet-Explorer-Meldung zur Auswahl der Startseite?

Änderung beim Internet Explorer?

Frage: *Wenn ich zur Anzeige einer Internetseite den Internet Explorer öffne, erscheint seit längerem immer eine sonderbare Meldung, die ich vorsichtshalber mit einem Klick auf die Schließen-Schaltfläche × beende.*

Was muss ich tun, damit die Meldung nicht jedes Mal erneut erscheint?

Frau Kimmich

Neue Sicherheitsfunktion

Antwort: Die Meldung erhalten Sie aufgrund eines zurückliegenden Windows-Updates. Darin werden Sie informiert, dass eine neue Sicherheitsfunktion im Internet Explorer dafür sorgt, dass kein fremdes Programm mehr die Startseite des Internet Explorers ändert.

Die Meldung erscheint beim Öffnen des Internet Explorer, nachdem Sie neue Windows-Updates installiert haben

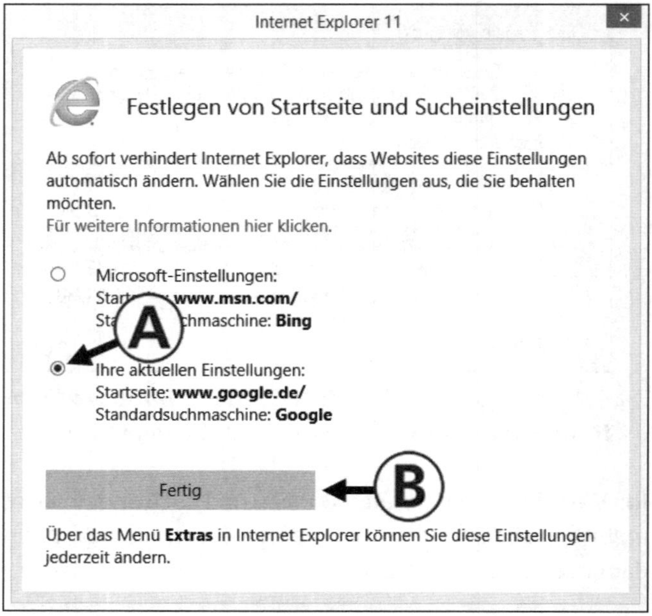

Startseite wurde von vielen Programmen ohne Einverständnis geändert

Hintergrund für diese Funktion ist, dass in der Vergangenheit viele Programme es ausgenutzt haben, dass sich die Startseite des Internet Explorer leicht ändern ließ. Nach der Installation eines auf den ersten Blick nützlichen Hilfsprogramms landeten Sie beim Start des Internet Explorer dann nicht mehr auf Ihrer vertrauten Google-, T-Online- oder GMX-Seite, sondern wurden stattdessen auf eine aufdringliche Werbeseite umgeleitet, die Sie mit lauter Musik oder äußerst störenden Popup-Meldungen begrüßte.

Änderungen auch an der Suchmaschine

Zusätzlich wurde oft auch die Standard-Suchmaschine verändert, sodass Sie schnell auf zwielichtigen Internetseiten landen konnten.

Zwar lassen sich die Eingriffe in den Internet-Explorer-Einstellungen wieder rückgängig machen, dennoch haben erst mal Sie den Aufwand und den Ärger.

Update schließt die Sicherheitslücke

Alle diese Probleme wurden durch das Update behoben. Sie bekommen seit der Installation deshalb die Meldung, dass Sie die Startseite und die Sucheinstellungen anpassen können.

Natürlich möchte der Hersteller Microsoft Sie gerne auf seine Internetseiten locken, was Sie aber durch die Auswahl des zweiten Optionsfeldes **A** (siehe Abbildung auf Seite 8) ablehnen können. Denn dort werden Ihre Einstellungen angezeigt, die Sie anschließend mit einem Klick auf die Schaltfläche **FERTIG** **B** bestätigen.

Startseite lässt sich jederzeit ändern

Das Dialogfeld wird geschlossen und erscheint ab sofort nicht mehr. Und wenn Sie die Startseite tatsächlich einmal ändern möchten, klicken Sie im Internet Explorer oben rechts einfach auf das **ZAHNRAD**-Symbol und wählen im aufgeklappten Menü den Befehl **INTERNETOPTIONEN**.

Es öffnet sich das gleichnamige Dialogfeld, auf dessen Registerkarte **ALLGEMEIN** Sie gleich im ersten Textfeld die Internetadresse der gewünschten Startseite eintragen und mit **OK** bestätigen.❖

Lassen sich beim Öffnen von Firefox mehrere Internetseiten automatisch laden?

Unterschiedliche Internetseiten sofort beim Start aktiv

Frage: *Als Startseite von Mozilla Firefox habe ich die Internetseite unserer Tageszeitung festgelegt. Zusätzlich möchte ich, dass sich auf einer zweiten Registerkarte beim Start von Mozilla Firefox die Internetseite meines E-Mail-Anbieters GMX öffnet. Ist das möglich?*

Herr Baier

Antwort: Sie können mit wenigen Mausklicks individuell festlegen, welche Internetseite bei jedem Start von Mozilla Firefox automatisch geladen wird.

Version beachten

In der folgenden Anleitung kommt die Version Mozilla Firefox 56 zum Einsatz. Die Version können Sie über das Menü **Hilfe**, Befehl **Über Firefox** nachschlagen. Wird die Menüleiste nicht angezeigt, drücken Sie einmal die Taste Alt.

Und so gehen Sie vor:

Tragen Sie die gewünschte Internetseite in der Adressleiste ein

1. Starten Sie Mozilla Firefox. Öffnen Sie anschließend die erste der beiden Internetseiten, die künftig sofort beim Start von Mozilla Firefox geladen werden soll. Tragen Sie hierzu in der Adressleiste am oberen Rand die Internetadresse A ein, und bestätigen Sie danach die Adresse mit der ↵-Taste.

2. Klicken Sie rechts neben der Registerkarte auf das kleine **Plus**-Zeichen B. Daraufhin öffnet sich die zweite Registerkarte (diese wird auch als „Tab" bezeichnet). Tragen Sie die Internetadresse der zweiten zu öffnenden Seite ein, und bestätigen Sie sie ebenfalls mit der ↵-Taste.

Einstellungen öffnen

3. Nachdem die beiden gewünschten Internetseiten geöffnet sind, klicken Sie im Firefox-Programmfenster rechts auf das Symbol **Menü öffnen** C, das Symbol mit den drei horizontalen Linien. Es klappt ein Menü auf, in dem Sie auf das Symbol **Einstellungen** D klicken.

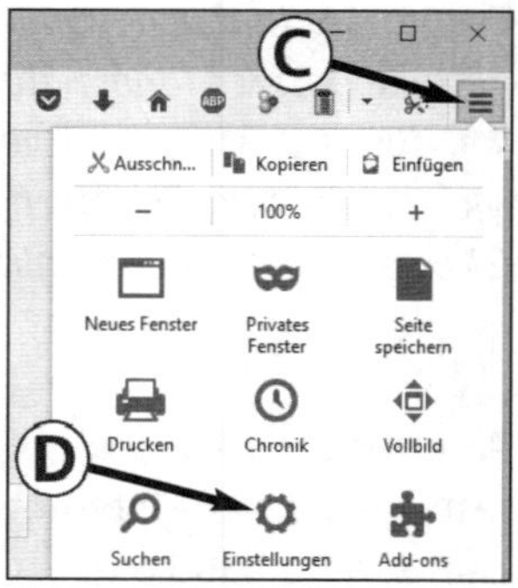

4. Firefox öffnet daraufhin eine weitere Registerkarte mit allen Einstellungen. Klicken Sie links auf **Allgemein** Ⓔ und rechts auf die Schaltfläche **Aktuelle Seiten verwenden** Ⓕ. Die Adressen der in Schritt 1 bis 3 geöffneten Internetseiten werden anschließend in dem Textfeld **Startseite** Ⓖ angezeigt.

Aktuelle Seiten beim Start öffnen

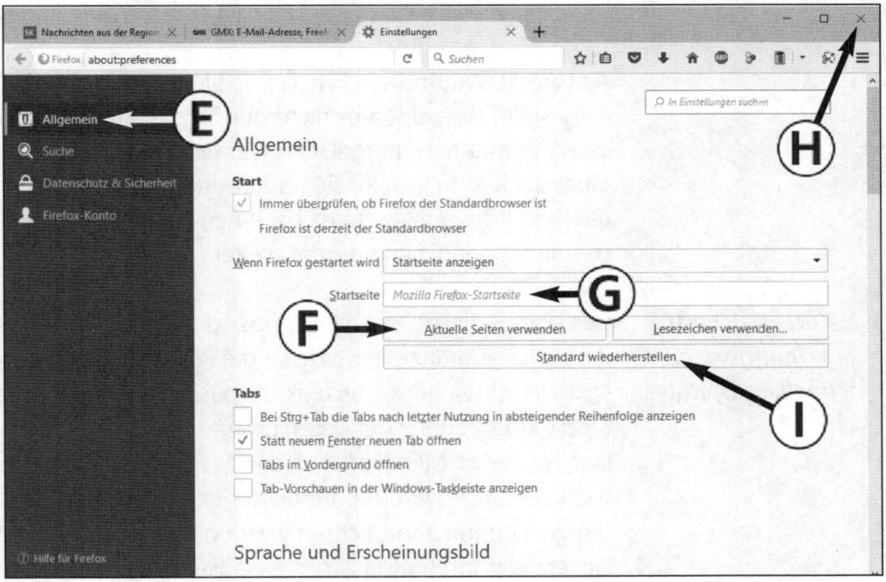

*Sämtliche Einstellungen nehmen Sie beim Mozilla Firefox auf der Registerkarte **Einstellungen** vor.*

5. Beenden Sie nun Firefox mit einem Klick auf die **Schließen**-Schaltfläche **X** oben rechts Ⓗ.

Fertig: Ab sofort werden die Internetseiten beim Start von Firefox automatisch geladen, und Sie sparen viel Zeit. Die Einstellungen gelten so lange, bis Sie den Vorgang mit anderen Internetseiten wiederholen oder in Schritt 4 auf die Schaltfläche **Standard wiederherstellen** Ⓘ klicken und so zur Mozilla Firefox-Standardeinstellung zurückkehren. ❖

Änderung ist ab sofort dauerhaft aktiv

Wird mein PC tatsächlich für Windows-10-Updates von Dritten mitgenutzt?

Eigener PC wird für Updates von Fremden genutzt?

Frage: *Stimmt es wirklich, dass mein Windows-10-PC von Haus aus für die Verteilung von Windows-Updates eingesetzt wird? Wie kann ich das unterbinden, das verlangsamt doch ganz sicher meine Internet-Verbindung?*

Herr Schneider

Antwort: Windows 10 ist tatsächlich standardmäßig so eingestellt, dass Updates nicht nur für den eigenen PC aus dem Internet heruntergeladen werden. Ihr PC gibt die Updates auch an PCs im lokalen Netzwerk (weitere PCs, die am gleichen Internet-Anschluss bei Ihnen zuhause angeschlossen sind) und PCs im Internet weiter.

Kürzere Übertragungswege = schnellere Updates

Der Vorteil dieser Technik ist, dass die Übertragungswege der Updates reduziert werden – die PCs helfen sich gegenseitig. Nachteil dieser Technik ist, dass Ihr Internet-Zugang für die Übertragung der Daten belegt wird. Das erfolgt zwar laut Hersteller Microsoft nur dann, wenn die Verbindung nicht benötigt wird. Bei Verbindungen, die nach Übertragungsvolumen abgerechnet werden, beispielsweise beim Einsatz von Internet-Sticks, die via Handy-Funkverbindung die Internetverbindung aufbauen, werden angeblich überhaupt keine Daten übertragen.

Empfehlung: Ausschalten

Da Sie letztlich keine Kontrolle darüber haben, wann Ihr PC für andere zur Verfügung steht, empfiehlt **PC-Wissen für Senioren**, die Funktion auszuschalten:

1. Klicken Sie mit der **linken** Maustaste in der linken unteren Ecke des Windows-Bildschirms auf die START-Schaltfläche Ⓐ. Anschließend klappt das Startmenü auf. Hier klicken Sie mit der **linken** Maustaste auf das ZAHNRAD-Symbol Ⓑ.

2. Windows öffnet jetzt das Dialogfeld **EINSTELLUNGEN**. Klicken Sie hier auf **UPDATE UND SICHERHEIT**.

Rufen Sie im Startmenü die EINSTELLUNGEN auf

3. Der Inhalt des Dialogfeldes wechselt. Klicken Sie nun in der linken Übersicht auf **WINDOWS UPDATE**. Rechts klicken Sie dann auf **ERWEITERTE OPTIONEN**.

4. Sobald der neue Inhalt im Dialogfeld erscheint, klicken Sie hier auf **ÜBERMITTLUNG VON UPDATES AUSWÄHLEN**. Der Inhalt wechselt erneut. Schalten Sie den Schieberegler bei **UPDATES VON MEHR ALS EINEM ORT** auf **AUS** Ⓒ. Schieben Sie den Regler bei gedrückter **linker** Maustaste nach links.

ERWEITERTE OPTIONEN öffnen

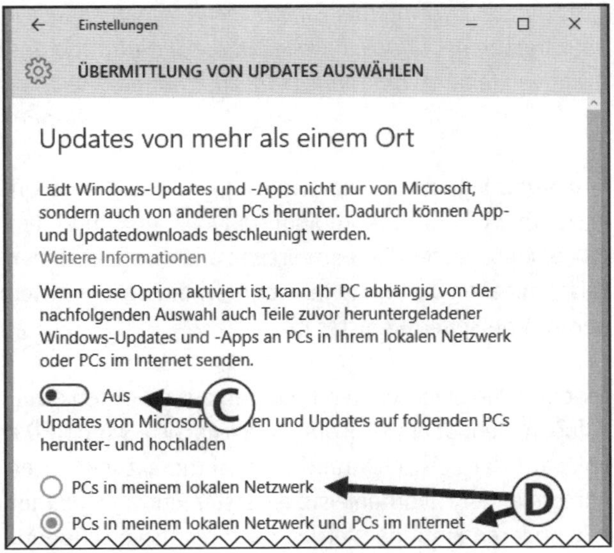

Mit dem Schiebeschalter Ⓒ schalten Sie die Funktion dauerhaft aus

Somit deaktivieren Sie beide darunter aufgeführten Optionen **D** (siehe Abbildung auf Seite 13) und sorgen dafür, dass Ihr PC nicht als Zwischenstation für andere PCs genutzt wird.

5. Schließen Sie das Dialogfeld mit einem Klick auf die **X**-Schaltfläche oben rechts.

Funktion ist deaktiviert

Die Funktion ist jetzt dauerhaft ausgeschaltet, und Ihre Internet-Verbindung wird nicht mehr ungefragt für andere PC-Anwender missbraucht. ❖

Wie habe ich beim Internet Explorer meine Lieblings-Internetseiten besser im Überblick?

Frage: *Um das Öffnen meiner beliebtesten Internetseiten zu beschleunigen, habe ich im Internet Explorer die Favoritenleiste eingeschaltet. Auf dieser Leiste habe ich nun alle wichtigen Internetadressen eingefügt. Doch leider geht mir jetzt der Platz aus, und der Internet Explorer zeigt nicht mehr alle Internetadressen an. Kann ich vielleicht die Schriftgröße der Einträge verkleinern, um mehr Platz zu erhalten?*

Frau Richter

Favoritenleiste einblenden

Antwort: Wenn Sie beim Internet Explorer die Favoritenleiste über die Tastenkombination [Alt] + [A] und den Befehl **SYMBOLLEISTEN/FAVORITENLEISTE** aktivieren, erscheint die Leiste mit allen dort hinterlegten Internetadressen unterhalb der Internetseiten-Register **A**.

Möchten Sie einen weiteren Eintrag zur Favoritenleiste hinzufügen, genügt ein Klick auf das **STERNCHEN**-Symbol **B** ganz links auf der Leiste. Daraufhin wird die aktuelle Internetadresse in der Favoritenleiste als erster Eintrag hinzugefügt. Alle anderen Einträge werden nach rechts verschoben.

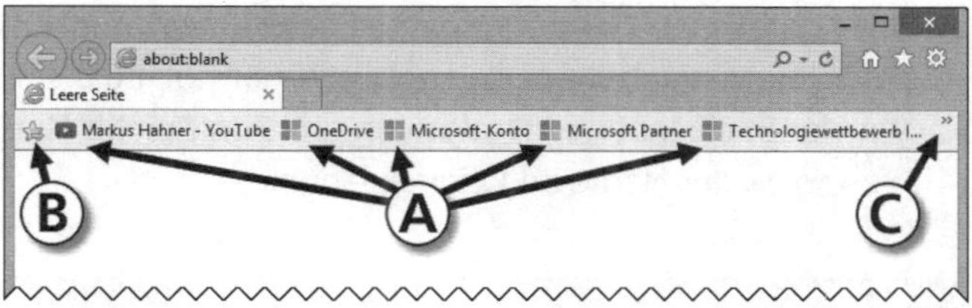

Über die Favoritenleiste öffnen Sie die dort aufgeführten Internetseiten mit nur einem Klick

Zu viele Einträge?

Haben Sie bereits viele Internetadressen auf der Leiste hinzugefügt, werden die am weitesten rechts stehenden Adressen ausgeblendet. Erst ein Klick auf das Symbol mit den beiden Pfeilen » **C** klappt ein Menü auf, in dem alle Internetadressen der Reihe nach aufgeführt werden.

Namen abgekürzt anzeigen

Damit Sie wieder mehr Internetadressen auf einen Blick sehen, können Sie die Beschreibungstexte der Internetadressen, die jeweils rechts neben dem Symbol bei der Internetseite stehen, abgekürzt anzeigen lassen:

1. Klicken Sie mit der **rechten** Maustaste auf einen beliebigen Eintrag der Favoritenleiste **D**. Nun klappt ein Kontextmenü auf, in dem Sie mit der **linken** Maustaste den Befehl **ANPASSEN DER TITELLÄNGEN** anklicken.

   Es öffnet sich ein Untermenü, in dem Sie den Befehl **KURZE TITEL** **E** anklicken.

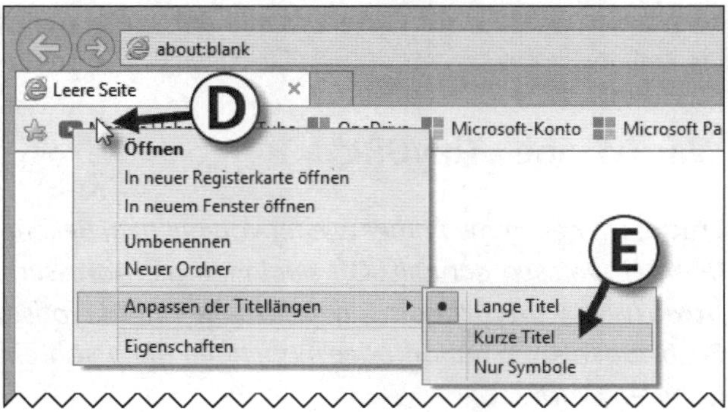

Wechseln Sie von den langen Titeln zur Anzeige von kurzen Titeln

2. Das Kontextmenü wird automatisch geschlossen, und von jeder Internetadresse erscheinen jetzt nur noch die ersten vier Buchstaben – gefolgt von drei Punkten als Hinweis, dass der Name im Original länger ist.

Dank kurzer Titel ist jetzt viel Platz für weitere Internetadressen

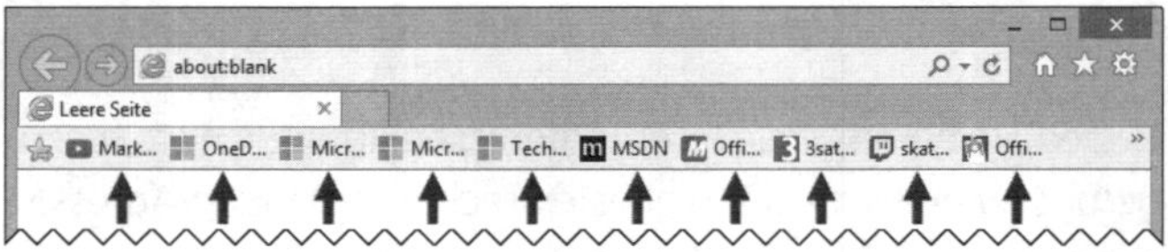

Wenn Sie die komplette Internetadresse sehen möchten, platzieren Sie einfach den Mauszeiger auf dem Eintrag und warten einen kurzen Moment. Anschließend zeigt der Internet Explorer die komplette Adresse in der Quickinfo an.

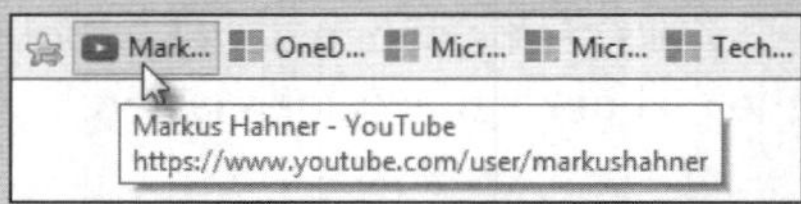

Letzte Einstellung gilt dauerhaft

Sind Ihnen die vier Zeichen der Internetadresse nicht eindeutig genug, können Sie jederzeit die Darstellung wieder auf die alte Länge zurückstellen. Wählen Sie hierzu in Schritt 1 (siehe Seite 15) einfach die Auswahl **LANGE TITEL**.

Der Internet Explorer merkt sich die Einstellung dauerhaft und zeigt beim nächsten Start sofort wieder die zuletzt gewählte Darstellung an. ❖

Was ist eine „TinyURL"

Sonderbare Internetadresse

Frage: *Ich bekomme immer wieder von meinem Bekannten Internetadressen gemailt. Oft beginnen die Adressen mit* ***http://www.tinyurl.com/****, gefolgt von einer kryptischen Buchstabenkombination oder manchmal auch von einem lesbaren Wort.*

Wenn ich die Internetadresse in meinem Browser öffne, zeigt der Browser aber immer ganz andere Adressen an. Ist das ein Problem von meinem PC, oder ist das Verhalten auf die sonderbare Internetadresse ***http://www.tinyurl.com*** *zurückzuführen?*

Herr Reichelt

Abkürzungen zur leichteren Handhabung

Antwort: Internetadressen können sehr lang sein. Sie sich zu merken oder fehlerfrei einzugeben, ist dann fast unmöglich. Mittels TinyURL [sprich *„Teihnie Ju Ar Äl"*] lässt sich einer Internetadresse mit Überlänge eine kurze Adresse zuweisen. Das englische Wort „Tiny" steht für „winzig", die Abkürzung „URL" (**U**niform **R**esource **L**ocator) für „Internetadresse".

Browser wechselt auf die „richtige" Internetseite

Die TinyURL dient dabei als eine Art „Übersetzer": Der Browser ruft die kurze Internetadresse **http://www.tinyurl.com** auf und schlägt in der TinyURL-eigenen Datenbank den der Adresse folgenden Suchbegriff nach. Dann wechselt der Browser zur hinterlegten, langen Internetadresse, weshalb im Browser die Adresse automatisch wechselt.

Dazu ein Beispiel: Wenn Sie einen Freund auf das Buch „Picasa: Digitale Fotosammlung im Griff" bei Amazon aufmerksam machen möchten, müssen Sie folgende Internetadresse an ihn weitergeben:

Umständliche und unübersichtliche Internetadresse

http://www.amazon.de/Picasa-Digitale-Fotosammlung-Griff-CD-ROM/dp/3812518155/ref=sr_1_1?ie=UTF8&qid=1432630241&sr=8-1&keywords=hahner+scheide

Wenn der Empfänger die Internetadresse abtippen muss, wird das mit größter Wahrscheinlichkeit nicht von Erfolg gekrönt sein – dafür ist die Adresse mit den vielen Sonderzeichen und Zahlen sowie mit der abwechselnden Groß- und Kleinschreibung zu kompliziert.

Internetadresse wird auf mehrere Zeilen verteilt

Kopieren Sie die Adresse in eine E-Mail, erscheint sie beim Empfänger je nach dem von ihm genutzten E-Mail-Programm auf mehreren Zeilen. Ein Klick auf den Link führt dann fatalerweise nur den ersten Teil des Links aus – sprich die erste Zeile **A** der auf mehrere Zeilen verteilten Internetadresse, der Rest wird ignoriert.

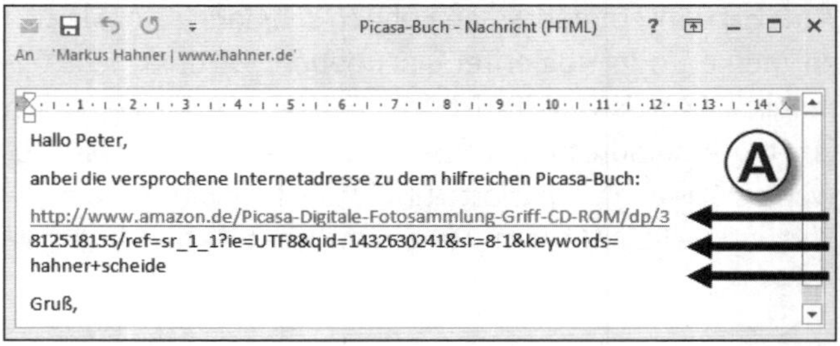

Beim Empfänger erscheinen Links mit Überlänge oft auf mehrere Zeilen verteilt.

Lösung: Kurzform nutzen

Abhilfe schafft in diesem Fall eine TinyURL, bei der der langen Internetadresse die Kurzform **http://www.tinyurl.com/picasa-buch** zugewiesen wurde. Die URL ist kurz genug, um sie sich zu merken, fehlerfrei einzutippen oder in E-Mail-Programmen in einer Zeile dargestellt zu werden.

Anlegen und nutzen ist kostenlos

Eine TinyURL als Ersatz für lange Internetadressen kann sich jeder anlegen, der Dienst ist bislang kostenlos. Alles was Sie hierzu machen müssen, ist auf der englischsprachigen Internetseite **http://www.tinyurl.com** im Textfeld **ENTER A LONG URL TO MAKE TINY:** **B** (= lange, abzukürzende Internetadresse eingeben) die lange Internetadresse einzugeben.

Tipp: Am besten rufen Sie die gewünschte Internetseite zunächst in einem anderen Browser-Tab auf. Markieren Sie die Adresse per Klick in die Adresszeile und tippen Strg + C, um sie in die Zwischenablage zu kopieren. Fügen Sie die Adresse dann mit Strg + V hier ins Textfeld ein.

Im darunterliegenden Textfeld bei **Custom Alias (optional)** **C** (= gewünschter Kurzname) tragen Sie daraufhin den Kurz-Wunschnamen (im obigen Beispiel war es **picasa-buch**) ein.

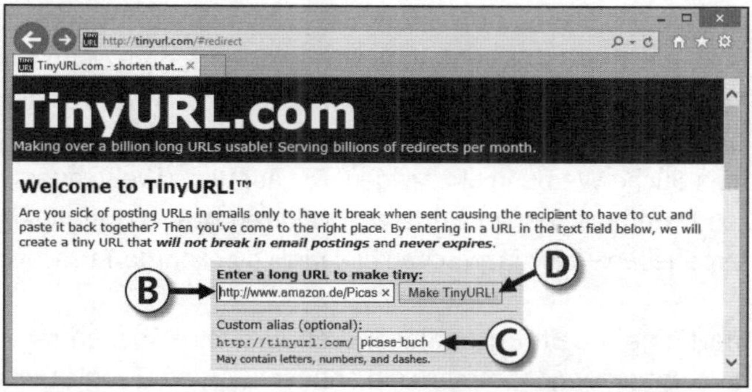

Eine eigene TinyURL kostet nichts und ist in wenigen Sekunden für immer angelegt.

Kurzadresse erzeugen

Wenn Sie anschließend auf die Schaltfläche **Make TinyURL!** **D** klicken, wird die kurze Internetadresse erzeugt und dauerhaft in der Datenbank von TinyURL abgelegt. Bedingt durch die vielen bei TinyURL hinterlegten Internetadressen, sind bereits viele Kurz-Wunschnamen belegt. In diesem Fall erzeugt TinyURL dann einen alternativen Kurznamen wie z. B. **http://tinyurl.com/prl6lga**, der aus Buchstaben und Zeichen besteht. ❖

Wie kann ich die Google-Alternative „StartPage" nutzen?

Alternative zu Google?

Frage: *Nachdem in den Nachrichten immer wieder vor der Datensammelwut von Google gewarnt wurde und selbst die EU nun entsprechende Untersuchungen startet, möchte ich gerne für die Internetsuche einen anderen Anbieter nutzen. Ist „StartPage" eine vertrauenswürdige Alternative?*

Herr Volkhardt

StartPage ist die Empfehlung der Redaktion

Antwort: StartPage ist eine Suchmaschine des holländischen Unternehmens Surfboard Holding B.V., die laut eigenen Angaben die einzige Suchmaschine weltweit ist, die keinerlei persönliche Informationen von Ihnen sammelt.

Alle Daten werden gespeichert und ausgewertet

Google & Co. speichern sämtliche Suchanfragen zusammen mit Ihrer IP-Adresse, detaillierten Informationen zu Ihrem Browser und vieles mehr, um so beim erneuten Aufruf der Google-Suchseite Ihren PC wiederzuerkennen und passend zu Ihrer Suche Werbung anzuzeigen. Die auf diese Weise erfassten Daten werden an Dritte zur weiteren Auswertung weitergegeben – eine inzwischen hinlänglich bekannte Tatsache.

Ihr Vorteil bei StartPage: Keine Datenspeicherung

StartPage arbeitet grundlegend anders: Ihre Suchanfrage wird entgegengenommen und anonymisiert an Google weitergeleitet. So steht Ihnen mit StartPage die volle Google-Leistung zur Verfügung, ohne dass Ihre Daten erfasst und gegen Sie verwendet werden können.

Wie Sie Edge einstellen

Um StartPage in Edge als Startseite zu hinterlegen, gehen Sie wie folgt vor:

1. Öffnen Sie Edge. Klicken Sie dann in der rechten oberen Ecke auf das **Menü**-Symbol Ⓐ (s. Bild oben auf Seite 21).

Startseite in Microsoft Edge eintragen

2. Im daraufhin erscheinenden Menü wählen Sie den Befehl **Einstellungen** Ⓑ.

3. Klicken Sie danach in das Feld **Microsoft Edge starten mit** und anschließend in der Liste auf **Bestimmte Seite(n)**.

Einstellungen übernehmen

4. Klicken Sie ins Feld **URL eingeben** und tippen Sie dort die Adresse **https://startpage.com** ein. Klicken Sie zum Speichern auf das **Disketten**-Symbol rechts daneben.

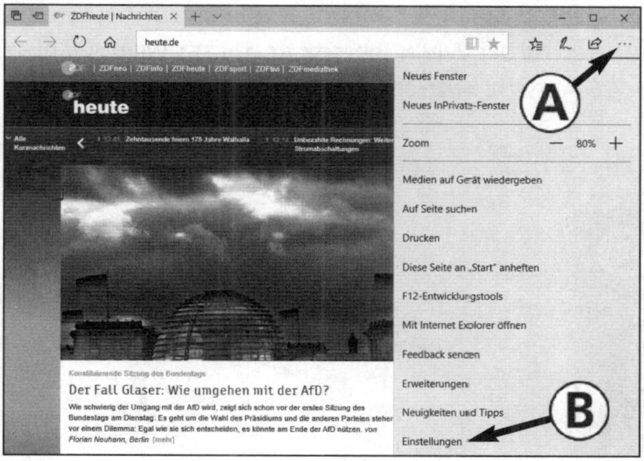

Sie kehren zum Programmfenster zurück. Wenn Sie Edge schließen und erneut starten, wird als Standard-Internetseite immer die Suchmaschine StartPage geladen.

So stellen Sie Mozilla Firefox ein

Um Mozilla Firefox mit der StartPage-Seite zu starten, führen Sie folgende drei Schritte aus:

1. Starten Sie Mozilla Firefox, klicken Sie oben rechts im Programmfenster auf das **Menü**-Symbol und im aufklappenden Menü auf das Symbol **Einstellungen**. Daraufhin werden die aktuellen Einstellungen angezeigt.

*Zur Anpassung des Mozilla Firefox klicken Sie auf das Symbol **Menü öffnen**.*

Startseite im Mozilla Firefox hinterlegen

2. Klicken Sie in der Menüleiste links auf **Allgemein** Ⓓ. Rechts bei **Wenn Firefox gestartet wird:** wählen Sie **Startseite anzeigen** Ⓔ aus.

*Legen Sie hier StartPage als **Startseite** fest.*

3. Im Textfeld **Startseite** Ⓕ tragen Sie anschließend **https://startpage.com/** ein.

Die Startseite von StartPage wird genauso bedient wie die Google-Seite.

Neue Startseite ist aktiv

Wenn Sie den Mozilla Firefox über die **Schließen**-Schaltfläche oben rechts beenden und neu starten, wird als Standard-Internetseite ab sofort die Suchmaschine StartPage geladen. ❖

Wie gehe ich beim Surfen im Internet richtig mit Registerkarten bzw. Tabs um?

Parallel geöffnete Internetseiten verwirren mitunter

Frage: *Wenn ich online bin und mehrere Internetseiten öffne, erscheinen die manchmal in nur einem einzigen Browser-Fenster. Ein anderes Mal sind plötzlich mehrere Fenster geöffnet. Mir ist bisher unklar, wann hier was geschieht.*

Was ist besser? Und wie kann ich verhindern, dass alle geöffneten Internetseiten auf einmal geschlossen werden, wenn ich nur eine schließen will?

Frau Leuenberger

Tabs – nicht nur in Dialogfeldern

Antwort: „Tab" ist die englischsprachige Bezeichnung für Registerkarte. Registerkarten befinden sich häufig am oberen Rand von Dialogfeldern.

Wenn Sie einen der Registerkarten-Reiter anklicken, wechselt der Inhalt des Dialogfelds und zeigt die jeweils dazugehörigen Optionen an.

Surfen Sie mit Ihrem Browser im Internet, hat „Tab" eine ähnliche Bedeutung. Denn mittlerweile unterstützen alle gängigen Browser Tabs/Registerkarten Ⓐ. Manchmal ist in diesem Zusammenhang auch von „Tabbed Browsing" die Rede.

Registerkarten/Tabs erscheinen neben/über der Adressleiste (oben Internet Explorer, unten Mozilla Firefox).

Ein Programmfenster, mehrere Internetseiten

In allen Browsern können Sie dank Tabs/Registerkarten Ⓐ (siehe Abbildung auf Seite 23) in einem einzigen Programmfenster mehrere unterschiedliche Internetseiten öffnen. Die Seiten werden dann gleichzeitig geladen, und Sie können per Klick von einem zum nächsten Tab/zur nächsten Registerkarte wechseln, ohne dass der Browser die Internetseite neu laden muss.

Um zwischen den in Registerkarten/Tabs geöffneten Internetseiten zu wechseln, genügt ein Klick mit der **linken** Maustaste auf den dazugehörigen Reiter. Daraufhin wird der Tab beziehungsweise die Registerkarte in den Vordergrund gebracht und sein/ihr Inhalt angezeigt.

Wann mehrere Browser-Fenster von Vorteil sind

Der andere Weg: Sie starten für jede Internetseite Ihren Browser neu. So sehen Sie jede Internetseite in einem eigenen Programmfenster. Das ist nur dann der bessere Weg, wenn Sie zwei oder mehr Internetseiten gleichzeitig am Bildschirm betrachten möchten.

Sonst aber nervt es schnell, wenn plötzlich zwei, drei oder noch einige andere Programmfenster geöffnet sind, weil der Überblick auf dem Desktop vollkommen verloren geht.

Registerkarten öffnen

2 Wege

Wenn Sie im Browser eine Internetseite aufrufen, wird sie automatisch auf der ersten Registerkarte geladen. Auf dem Reiter der ersten Registerkarte wird der Titel der Internetseite genannt.

Sie können eine weitere Internetseite in einer neuen Registerkarte auf zwei Arten öffnen:

Via Kontextmenü

- **Möglichkeit 1:** Klicken Sie auf der geöffneten Internetseite einen Link mit der **rechten** Maustaste an, und wählen Sie im Kontextmenü den Befehl **In neuer Registerkarte öffnen** bzw. **Link in neuem Tab öffnen**.

Via Symbol

- **Möglichkeit 2:** Klicken Sie auf das Quadrat Ⓑ bzw. auf das **Plus**-Zeichen Ⓑ neben der (letzten) Registerkarte (siehe Abbildung auf Seite 23). Daraufhin erscheint eine neue, leere Registerkarte, in der Sie eine beliebige Internetseite wie gewohnt öffnen.

> Alternativ zum Klick auf das Rechteck bzw. **Plus**-Zeichen können Sie die Tastenkombination [Strg]+[T] drücken.

Registerkarten schließen

Vorsicht: Es gibt 2 Schließen-Schaltflächen

Wenn Sie eine Registerkarte schließen möchten, müssen Sie auf das kleine **x** am rechten Rand des entsprechenden Reiters klicken. Klicken Sie stattdessen versehentlich die **Schließen**-Schaltfläche des Browser-Programmfensters (das **X** oben rechts im Programmfenster), werden standardmäßig alle Registerkarten geschlossen. Sofern Sie den Internet Explorer nutzen, können Sie verhindern, dass alle Registerkarten auf einmal geschlossen werden.

Gehen Sie wie folgt vor:

1. Klicken Sie oben rechts auf das **Zahnrad**-Symbol, und wählen Sie den Befehl **Internetoptionen**.

Einstellungen aufrufen

2. Wechseln Sie auf die Registerkarte **Allgemein**, und klicken Sie die Schaltfläche **Registerkarten** an, sodass sich das Dialogfeld **Einstellungen für die Registernavigation** öffnet.

Einstellung prüfen

3. Aktivieren Sie das Kontrollkästchen **WARNEN, WENN MEHRERE REGISTERKARTEN GESCHLOSSEN WERDEN**. Übernehmen Sie die Einstellung mit **OK**, und klicken Sie erneut auf **OK**.

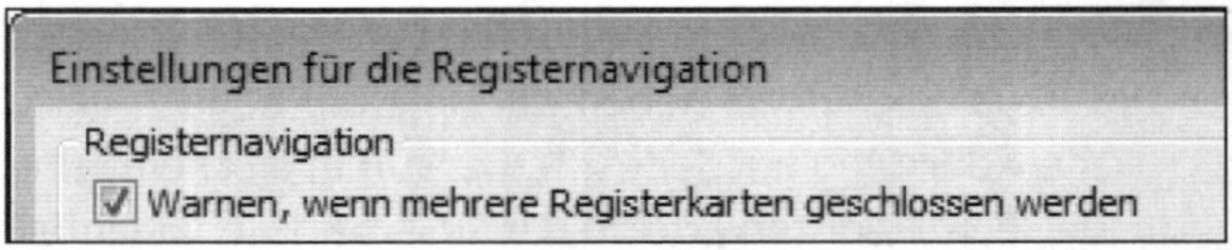

Über das Dialogfeld steuern Sie, wie der Internet Explorer mit Registerkarten umgeht.

Ab sofort erscheint eine Warnmeldung, wenn mehrere Registerkarten geöffnet sind und Sie die **SCHLIEßEN**-Schaltfläche anklicken. Sie haben dann die Wahl, nur die aktuelle oder alle Registerkarten zu schließen. ❖

Kann ich in Word die Seitenzahl automatisch auf jeder Seite einfügen lassen?

Seitenzahl in der Fußzeile

Frage: *Die Reisebeschreibung meiner letzten Asienreise würde ich gerne mit Seitenzahlen fortlaufend nummerieren. Wie kann ich auf jeder Seite unten in der Mitte die Seitenzahl einfügen, sodass sie immer an der gleichen Stelle platziert ist?*

Bislang habe ich das von Hand gemacht, was aber viel Arbeit ist und nicht besonders schön aussieht. Besten Dank für einen kleinen Tipp.

Herr Rauh

Briefvorlage anpassen

Antwort: Damit bei mehrseitigen Dokumenten die Seitenzahl automatisch erscheint, gehen Sie wie folgt vor.

1. Öffnen Sie Ihr Word-Dokument, in dem Sie die automatische Seitenzahl einfügen möchten.

2. Wechseln Sie am oberen Rand im Menüband auf die Registerkarte **Einfügen** Ⓐ.

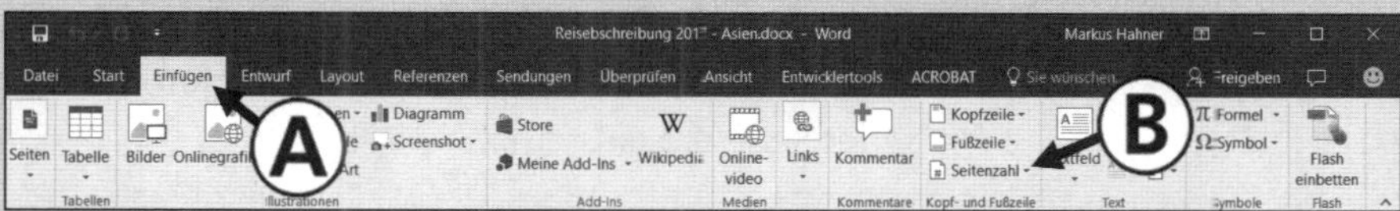

*Die Seitenzahlen sind auf der Registerkarte **Einfügen** zu finden.*

3. Klicken Sie in der Gruppe **Kopf- und Fußzeile** auf die Schaltfläche **Seitenzahl** Ⓑ.

Gewünschte Seitenzahl wählen

4. Es klappt das **Seitenzahl**-Menü auf, in dem Sie den Mauszeiger auf dem Befehl **Seitenende** Ⓒ platzieren.

   In der sich öffnenden Liste mit den Seitenzahlen klicken Sie auf den Eintrag **Einfache Zahl 2** Ⓓ.

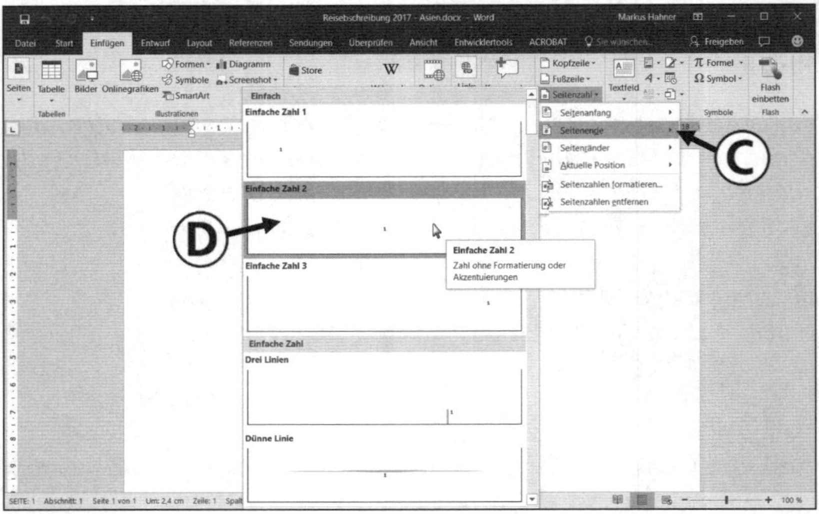

Word stellt Ihnen die unterschiedlichsten Seitenzahlen und Positionen zur Verfügung.

5. Word wechselt in den Fußzeilenbereich Ⓔ; das ist der Bereich am unteren Rand der Seite, der automatisch auf jeder Seite mit dem gleichen Inhalt erscheint. Die Fußzeile muss also nur einmal angelegt werden.

   Im Fußzeilenbereich wird die Seitenzahl Ⓕ als sogenannte „Feldfunktion" eingefügt, die von Word automatisch auf jeder Seite um eins erhöht wird.

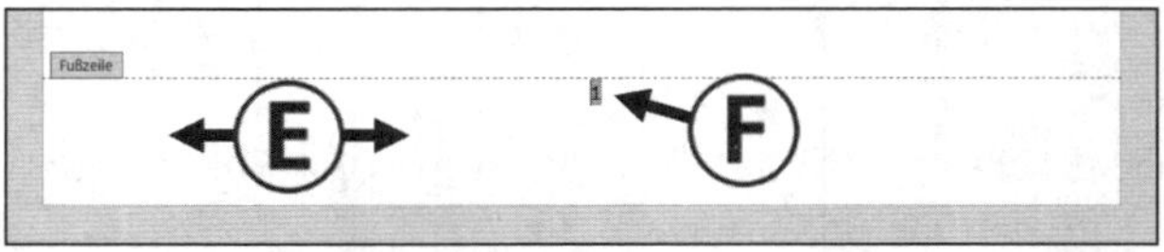

Die Seitenzahl wird in der Fußzeile eingefügt und erscheint auf jeder Seite.

6. Klicken Sie in der Kontextregisterkarte **Kopf- und Fußzeilentools-Entwurf** Ⓖ in der Gruppe **Schließen** auf die Schaltfläche **Kopf- und Fußzeile schließen** Ⓗ.

Kopf- und Fußzeilen-Registerkarte schließen

7. Anschließend kehren Sie zu Ihrem Dokument zurück. In der Fußzeile steht ab sofort die Seitenzahl, die auf jeder Seite eingefügt wird.

8. Speichern Sie zum Schluss Ihr Dokument beispielsweise mit `Strg` + `S` ab.

Spart Ihnen Handarbeit

Das Einfügen einer automatischen Seitenzahl ist mit wenigen Mausklicks erledigt und spart Ihnen künftig jede Menge Handarbeit. ❖

Wie kann ich in Word beliebigen Text frei auf einer Seite platzieren und drehen?

Fotos und Text frei platzieren

Frage: *Für die Einladung zu meinem Geburtstag möchte ich mit Word ein kleines Faltblatt mit Fotos und Text erstellen. Das Platzieren der Fotos klappt ganz gut, nur mit dem Text habe ich Mühe. Wie kann ich den Text frei auf der Seite verschieben? Gibt es vielleicht auch einen Trick, wie er sich schräg platzieren lässt?*

Herr Benke

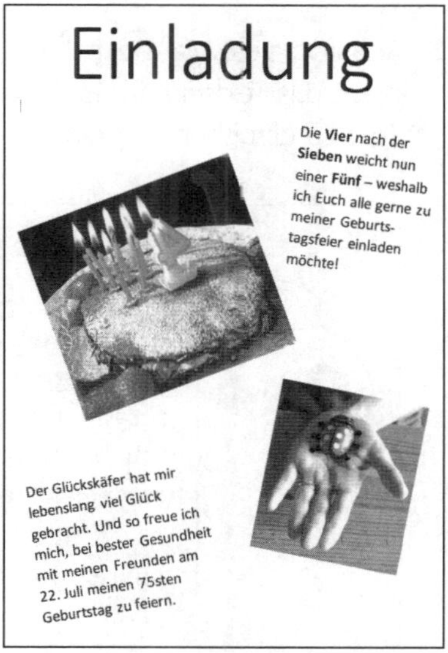

Um Text auf der Seite frei zu platzieren, nutzen Sie den „Textfeld"-Trick

Antwort: Zum freien Platzieren von Text setzen Sie sowohl in Word 2016 als auch in Word 2013, 2010 und 2007 die Funktion **TEXTFELD** ein. Textfelder sind ganz einfach in wenigen Schritten angelegt:

1. Öffnen Sie das Dokument, in dem Sie an einer bestimmten Stelle Ihren Text einfügen möchten.

2. Wechseln Sie auf die Registerkarte **EINFÜGEN**. Klicken Sie anschließend in der Gruppe **TEXT** auf die Schaltfläche **TEXTFELD**.

Form des Mauszeigers ändert sich

3. Es klappt ein Menü auf, in dem Sie ganz am Ende auf den Befehl **TEXTFELD ERSTELLEN** klicken. Das Menü klappt wieder zu, der Mauszeiger hat sich von einem Pfeil in ein Fadenkreuz + verwandelt.

Rechteck bei gedrückter Maustaste aufziehen

4. Klicken Sie mit der **linken** Maustaste in einen freien Bereich Ihres Dokumentes und ziehen Sie bei gedrückter **linker** Maustaste ein Rechteck auf.

5. Sobald Sie die Maustaste lösen, erscheint in Ihrem Dokument das Textfeld, in dem Sie sofort den gewünschten Text Ⓐ eingeben können.

Nach dem Einfügen des Textfeldes können Sie sofort mit dem Schreiben loslegen

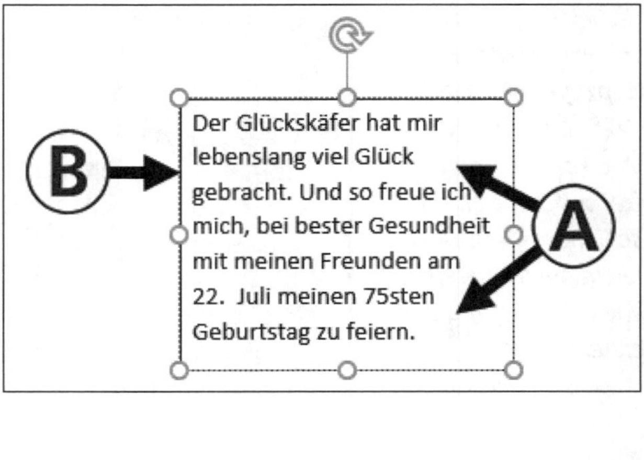

6. Um das Textfeld zu verschieben, klicken Sie zuerst mit der **linken** Maustaste in den Text **A** des Textfeldes. Dann klicken Sie den Rahmen **B** des Textfeldes mit der **linken** Maustaste an und ziehen ihn bei gedrückter **linker** Maustaste an die neue Position. Wenn Sie die Maustaste lösen, wird das Textfeld an der neuen Zielposition platziert.

Textfeld nachträglich verschieben

7. Das Textfeld ist standardmäßig mit einem Rahmen umgeben. Wenn Sie den Text nicht einrahmen möchten, klicken Sie zuerst in den Text des Textfeldes. Daraufhin erscheint im Menüband die Kontextregisterkarte **Zeichentools-Format** **C** (Word 2016, 2013 und 2010) bzw. **Textfeldtools-Format** (Word 2007).

Textfeld ist standardmäßig eingerahmt

8. Wechseln Sie auf die Kontextregisterkarte, und klicken Sie in der Gruppe **Formenarten** (Word 2016, 2013 und 2010) bzw. **Textfeld-Formatvorlagen** (Word 2007) rechts neben dem Befehl **Formkontur** **D** auf das nach unten zeigende Dreieck ▼. Es klappt ein Menü auf, in dem Sie auf den Befehl **Keine Kontur** **E** (Word 2016), **Kein Rahmen** (Word 2013 und 2010) beziehungsweise **Keine Gliederung** (Word 2007) klicken. Das Menü klappt automatisch zu – und der Rahmen ist verschwunden.

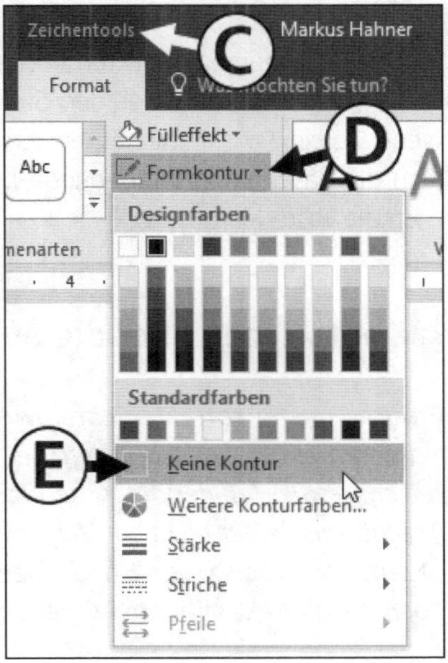

Die Rahmenlinie entfernen Sie im Formkontur-Menü

Text kann beliebig formatiert werden

Den Text in einem Textfeld können Sie mit allen vertrauten Formatierungen gestalten, beispielsweise die Schriftart und/ oder die Schriftfarbe ändern.

Drehen ist in Word 2007 nicht möglich!

In Word 2016, 2013 und 2010 erscheint beim Klick in das Textfeld oberhalb des Textfeldes das **Drehpunkt**-Zeichen (Word 2016 und 2013) bzw. (Word 2010). Wenn Sie das Zeichen mit der **linken** Maustaste anklicken und die Maustaste gedrückt halten, können Sie das Textfeld durch Verschieben des Mauszeigers nach rechts oder links drehen. Sobald Sie die Maustaste lösen, nimmt das Textfeld seine neue gedrehte Position ein.

> Wenn Sie in ein gedrehtes Textfeld klicken, dreht Word es so lang in die Ausgangsposition zurück, wie Sie an dem Text arbeiten. Sobald Sie außerhalb des Textfeldes klicken, wird es wieder zurückgedreht.

Textfeld löschen

Mit diesen wenigen Schritten können Sie künftig in Ihrem Dokument an jeder beliebigen Stelle Text platzieren. Und wenn Sie ein Textfeld nicht mehr benötigen, klicken Sie einfach die das Textfeld umgebende Markierung an und drücken die Taste [Entf]. ❖

Wie bekomme ich Akzentzeichen über die Buchstaben?

Wie erhalten Sie Akzente?

Frage: *Für die korrekte Schreibweise von französischen Namen muss ich z. B. auf dem „e" einen „Accent grave" setzen: also è. Auf der deutschen Tastatur steht das „e" mit Akzent aber leider nicht zur Verfügung. Zwar kann ich den Akzent nachträglich von Hand einzeichnen, aber das sollte doch auch direkt mit dem PC gehen, oder?*

Herr Hausheer

Antwort: Auch mit einer deutschen Tastatur können Sie alle drei französischen Akzentzeichen ganz einfach eingeben. Der Trick beim Einfügen von Akzenten ist, dass sie immer aus zwei nacheinander zu drückenden Tasten gebildet werden.

Und so fügen Sie einen **Accent aigu** ein:

1. Drücken Sie auf der Tastatur die Accent-Taste Ⓐ. Am Bildschirm erscheint kein Zeichen, es hat sich scheinbar nichts verändert.

Buchstaben eingeben

2. Geben Sie nun den zum „Accent aigu" passenden Grundbuchstaben, also beispielsweise das „e", ein. Daraufhin wird der Buchstabe sofort mit dem richtigen Accent in der Form „é" angezeigt.

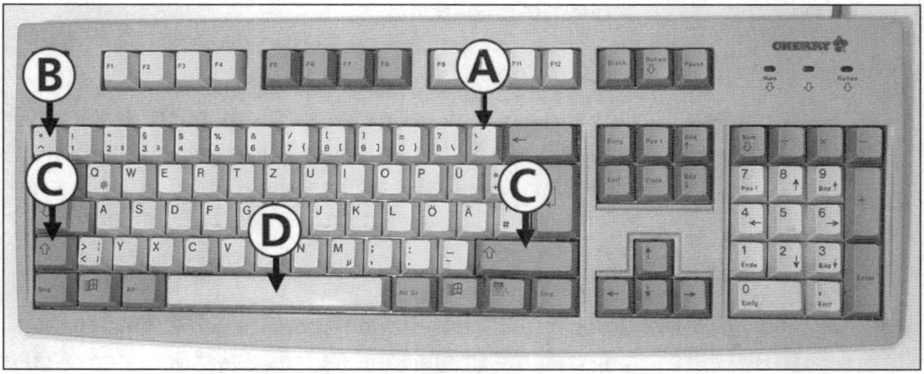

Alle markierten Tasten werden für die Akzentzeichen benötigt.

So erhalten Sie einen **Accent grave**:

1. Drücken Sie auf der Tastatur zuerst die Umschalt-Taste Ⓒ (Taste für Großbuchstaben) und danach die Accent-Taste Ⓐ. Am Bildschirm erscheint kein Zeichen, es hat sich scheinbar nichts verändert.

Taste mit dem Grundbuchstaben drücken

2. Geben Sie nun den zum „Accent grave" passenden Grundbuchstaben, also beispielsweise das „e", „u" oder „a", ein. Daraufhin wird der Buchstabe mit dem richtigen Accent in der Form „è", „ù" oder „à" angezeigt.

So klappt es mit dem **Accent circonflexe**:

1. Drücken Sie auf der Tastatur zuerst die Circonflexe-Taste Ⓑ (sie befindet sich auf der Tastatur in der Reihe mit den Zahlen ganz links, neben der ersten Zahlen-Taste). Am Bildschirm erscheint kein Zeichen, es hat sich scheinbar nichts verändert.

2. Geben Sie nun den zum „Accent circonflexe" passenden Grundbuchstaben, also beispielsweise das „a", „e", „i", „o" oder „u", ein. Daraufhin wird der Buchstabe sofort mit dem richtigen Accent in der Form „â", „ê", „î", „ô" oder „û" angezeigt.

Wenn Sie nach dem Drücken der Accent- Ⓐ oder Circonflexe-Taste Ⓑ die Leertaste Ⓓ drücken, erscheint der jeweilige Accent als eigenständiges Zeichen (siehe Abbildung der Tastatur auf Seite 33).

Es ist dann nicht möglich, nachträglich noch einen Buchstaben „unter den Accent zu schieben". Hierzu müssen Sie immer den jeweils beschriebenen Weg gehen.

Gilt für alle Eingaben am PC

Das Einfügen von Akzentzeichen klappt auf die beschriebene Art und Weise sowohl beim Schreiben in einer Textverarbeitung wie Word, in Ihrem E-Mail-Programm oder in einem anderen Programm Ihrer Wahl. Die Vorgehensweise ist überall identisch.

Beim Ausfüllen von Formularen auf Internetseiten sollten Sie generell auf Sonderzeichen und folglich auch auf Akzente verzichten. Nach wie vor unterstützen leider viele Formularfelder auf Internetseiten nur die Buchstaben A (a) bis Z (z) und die Zahlen 0 bis 9. Mit Sonderzeichen kann es dann zu Fehlern bei der Datenübertragung kommen – die eingegebenen Daten werden nicht angenommen. ❖

Warum erscheinen in Word zwischen meinen Wörtern plötzlich lauter Punkte?

Sonderbare Zeichen

Frage: *Wenn ich seit Neuestem eine Datei in Word öffne, erscheinen auf dem Bildschirm zwischen den Wörtern kleine Punkte. Und am Zeilenende wird mit „¶“ auch ein komisches Zeichen angezeigt. Was ist da los?*

Herr Bechthold

Zeichen sind „unsichtbare“ Formatierungssymbole

Antwort: Bei den Zeichen handelt es sich um die sogenannten „Steuerzeichen“ oder auch „nicht druckbaren Zeichen“, die sich bei Bedarf anzeigen lassen. Sind sie eingeschaltet, zeigt Ihnen Word z. B. durch einen kleinen Punkt an, dass Sie die Leertaste gedrückt haben. Das Zeichen „¶“ signalisiert Ihnen, dass Sie die Eingabe-Taste [↵] gedrückt haben, ein kleiner Pfeil ist der Hinweis auf einen Tabstopp [⇆] usw. Die aktiven Steuerzeichen zeigen also zusätzliche Informationen zu Ihren Texteingaben an, die sonst unsichtbar sind.

Stört Sie die Anzeige der Steuerzeichen? Dann schalten Sie sie mit zwei Mausklicks wieder aus:

1. Wechseln Sie auf die Registerkarte **Start** Ⓐ.

2. Klicken Sie in die Gruppe **Absatz** Ⓑ auf die Schaltfläche **Alle anzeigen** ¶ Ⓒ (siehe Abbildung auf Seite 36).

Symbole lassen sich ein- und ausschalten

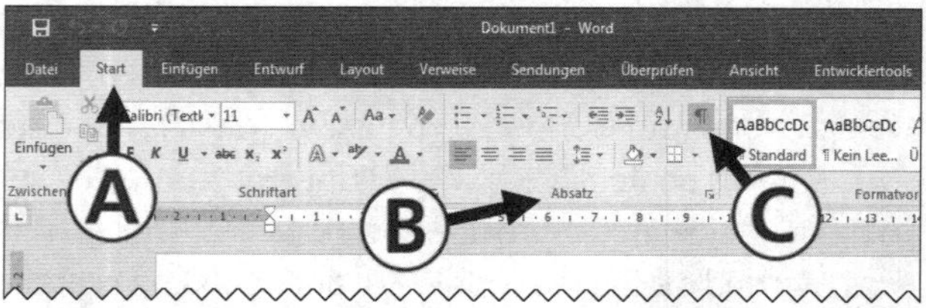

*Die Formatierungssymbole schalten Sie auf der Registerkarte **START** ein bzw. aus.*

3. Ab sofort sind die Steuerzeichen wieder ausgeschaltet. Wenn Sie erneut auf **C** klicken, werden die Symbole wieder sichtbar.

Word merkt sich die letzte Einstellung

Word merkt sich immer die letzte Einstellung. Wenn Sie die Steuerzeichen ausschalten, sind sie beim nächsten Start auch wieder ausgeschaltet. ❖

Mit welchem Trick kann ich meine wichtigsten Word-Texte und Excel-Tabellen schneller öffnen?

Verknüpfungen auf dem Desktop sind zu unübersichtlich

Frage: *Bislang habe ich mir für meine besonders wichtigen Texte und Tabellen auf dem Windows-Desktop Symbole mit Verknüpfungen zu den Dateien angelegt. So kann ich mit einem Doppelklick auf das Symbol die entsprechende Datei öffnen.*

So praktisch das ist, der Windows-Desktop wird mir mit den vielen Symbolen langsam, aber sicher zu unübersichtlich. Haben Sie einen Vorschlag, wie ich das schnelle Öffnen meiner Dateien anders regeln kann?

Herr Walter

Gilt für Word, Excel und PowerPoint

Antwort: Sowohl in Word als auch in Excel und PowerPoint (jeweils in den Versionen 2016, 2013, 2010 und 2007) können Sie häufig benötigte Dateien „festpinnen".

Die Dateien bleiben dann in der Liste der zuletzt genutzten Dateien bestehen, lassen sich schnell finden und mit einem Klick öffnen.

So nutzen Sie diese praktische Funktion in Word, Excel und PowerPoint in der Version 2016 und 2013:

1. Klicken Sie auf die Registerkarte **Datei,** und wählen Sie danach in der Befehlsleiste am linken Rand den Befehl **Öffnen**.

Übersicht aller zuletzt geöffneten Dateien

2. Rechts daneben ist nun automatisch der Befehl **Zuletzt verwendet** Ⓐ (Version 2016; siehe Bild auf der Folgeseite) beziehungsweise **Zuletzt verwendete Dokumente** (Version 2013) markiert. Weiter rechts werden alle Dateien angezeigt, die Sie in der letzten Zeit geöffnet hatten.

Mauszeiger auf gewünschtem Eintrag platzieren

3. Fahren Sie mit dem Mauszeiger auf einen Eintrag, der künftig am Anfang der Liste dauerhaft erscheinen soll. Sobald der Mauszeiger über dem Eintrag steht, wird rechts neben dem Datum ein kleines **Pin**-Symbol sichtbar. Klicken Sie das Symbol Ⓑ mit der **linken** Maustaste an.

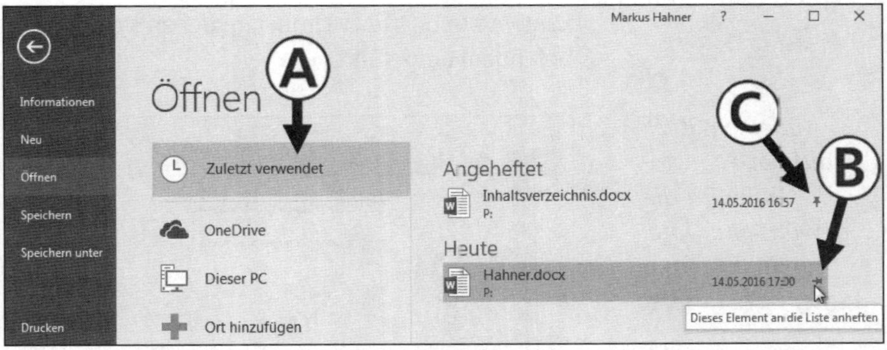

*Über das kleine **Pin**-Symbol legen Sie fest, ob die Datei in der Liste der zuletzt genutzten Dateien dauerhaft angezeigt werden soll.*

PIN-Symbol zeigt den aktuellen Status an

4. Die Form des **PIN**-Symbols ändert sich von horizontal in vertikal **C**. Der Eintrag wird ganz an den Anfang der Liste (nur Version 2016: in die Rubrik **ANGEHEFTET**) verschoben oder, wenn bereits festgepinnte Einträge vorhanden sind, an der alphabetisch korrekten Position einsortiert.

Kommando zurück? So geht's!

Soll der Eintrag aus der Liste wieder entfernt werden, klicken Sie einfach erneut auf das **PIN**-Symbol. Daraufhin wird der Eintrag aus der Liste der festgepinnten Dateien entfernt und landet in den zuletzt geöffneten Dateien.

Alle nicht festgepinnten Dateien verschwinden im Laufe der Zeit aus der Liste, wenn weitere Dateien geöffnet wurden und der Platz nicht zum Aufführen aller Dateien ausreicht.

In nur 4 Schritten pinnen Sie Dateien in Word, Excel, PowerPoint in der Version 2010 fest:

1. Klicken Sie auf die Registerkarte **DATEI,** und wählen Sie anschließend in der Befehlsleiste am linken Rand den Befehl **ZULETZT VERWENDET** **D**.

2. Rechts daneben werden nun alle zuletzt genutzten Dokumente und Orte (= Ordner, in denen sich die Dateien befanden) aufgeführt.

Mit einem Klick auf das PIN-Symbol wird die gewünschte Datei an den Anfang der Liste gesetzt

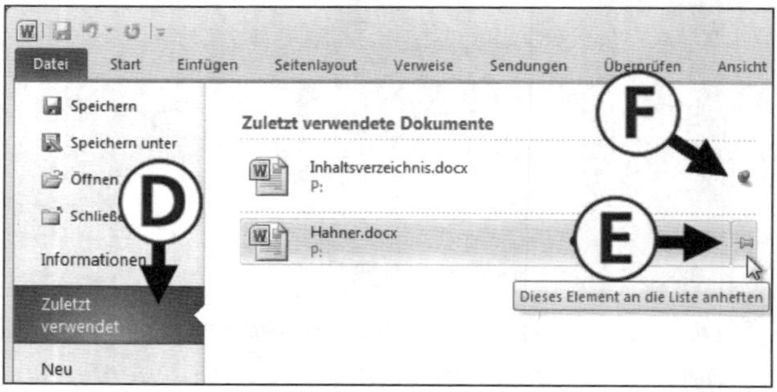

3. Platzieren Sie den Mauszeiger am Ende eines Eintrags auf dem kleinen **Pin**-Symbol, und klicken Sie das Symbol **E** mit der **linken** Maustaste an.

Alphabetische Sortierung der Einträge

4. Die Form des **Pin**-Symbols ändert sich von horizontal auf festgepinnt **F**. Der Eintrag wird an den Anfang der Liste verschoben oder, wenn bereits festgepinnte Einträge vorhanden sind, an der alphabetisch korrekten Position am Anfang der Liste einsortiert.

Nicht mehr dauerhaft in der Liste gewünscht?

Soll der Eintrag aus der Liste wieder entfernt werden, klicken Sie einfach erneut auf das **Pin**-Symbol. Daraufhin wird der Eintrag aus der Liste der festgepinnten Dateien gelöscht und landet in den zuletzt geöffneten Dateien. Alle nicht festgepinnten Dateien verschwinden im Laufe der Zeit aus der Liste, wenn weitere Dateien geöffnet wurden und der Platz nicht zum Aufführen aller Dateien ausreicht.

So nutzen Sie die Funktion in Word, Excel, PowerPoint in der Version 2007:

1. Klicken Sie in der linken oberen Ecke des Programmfensters auf die runde **Office**-Schaltfläche **G**. Das **Office**-Menü klappt auf und zeigt in der rechten Hälfte alle zuletzt geöffneten Dateien an.

2. Platzieren Sie den Mauszeiger am Ende eines Eintrags auf dem kleinen **Pin**-Symbol. Klicken Sie das Symbol **H** mit der **linken** Maustaste an.

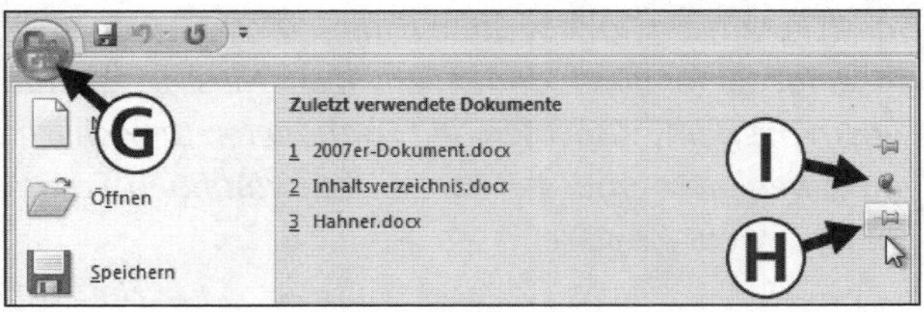

In der 2007er-Version finden Sie die Liste mit den zuletzt geöffneten Dateien im Office-Menü **G**

3. Die Form des **Pin**-Symbols ändert sich von horizontal auf festgepinnt ❶ (siehe Abbildung auf Seite 39). Der Eintrag bleibt jetzt an der aktuellen Stelle platziert und wandert mit jeder neu geöffneten Datei eine Position weiter in Richtung Ende der Liste. Er wird im Gegensatz zu nicht angepinnten Einträgen aber nicht komplett aus der Liste verschwinden, sondern immer am Ende platziert bleiben.

Eintrag wieder aus der Liste entfernen

Soll der Eintrag aus der Liste wieder entfernt werden, klicken Sie einfach erneut auf das **Pin**-Symbol .

Alle nicht festgepinnten Dateien verschwinden im Laufe der Zeit aus der Liste, wenn weitere Dateien geöffnet wurden und der Platz nicht zum Aufführen aller Dateien ausreicht. ❖

Lassen sich Bilder in Word austauschen, ohne die Formatierungen erneut vornehmen zu müssen?

Viele mühsam platzierte Bilder

Frage: *Ich habe in eine Broschüre für unseren Verein rund 40 Bilder eingefügt und diese passgenau auf den Seiten platziert.*

Außerdem habe ich dafür gesorgt, dass der Text mithilfe der Silbentrennung genau um die Bilder herumläuft. Auch Schatten und andere Formatierungen habe ich hinzugefügt, die neue Word-Version bietet hier ja tolle Möglichkeiten.

Formatierungen sollen nicht verloren gehen

Da ich kurzfristig noch weitere Bilder erhalten habe, möchte ich einige Bilder durch andere ersetzen. Muss ich bei diesen Bildern mit dem Ausrichten und Formatieren tatsächlich von vorne beginnen und die ganzen aufwändigen Formatierungen erneut zuweisen?

Herr Ganter

Video bietet eine leistungsstarke Möglichkeit zur Unterstützung Ihres Standpunkts. Wenn Sie auf "Onlinevideo" klicken, können Sie den Einbettungscode für das Video einfügen, das hinzugefügt werden soll. Sie können auch ein Stichwort eingeben, um online nach dem Videoclip zu suchen, der optimal zu Ihrem Dokument passt.¶

Damit Ihr Dokument ein professionelles Aussehen erhält, stellt Word einander ergänzende Designs für Kopfzeile, Fußzeile, Deckblatt und Textfelder zur Verfügung. Beispielsweise können Sie ein passendes Deckblatt mit Kopfzeile und Randleiste hinzufügen. Klicken Sie auf "Einfügen", und wählen Sie dann die gewünschten Elemente aus den verschiedenen Katalogen aus.¶

Designs und Formatvorlagen helfen auch dabei, die Elemente Ihres Dokuments aufeinander abzustimmen. Wenn Sie auf "Design" klicken und ein neues Design auswählen, ändern sich die Grafiken, Diagramme und SmartArt-Grafiken so, dass sie dem neuen Design entsprechen. Wenn Sie Formatvorlagen anwenden, ändern sich die Überschriften passend zum neuen Design.¶

Sparen Sie Zeit in Word dank neuer Schaltflächen, die angezeigt werden, wo Sie sie benötigen. Zum Ändern der Weise, in der sich ein Bild in Ihr Dokument einfügt, klicken Sie auf das Bild. Dann wird eine Schaltfläche für Layoutoptionen neben dem Bild angezeigt Beim Arbeiten an einer Tabelle klicken Sie an die Position, an der Sie eine Zeile oder Spalte hinzufügen möchten, und klicken Sie dann auf das Pluszeichen.¶

Auch das Lesen ist bequemer in der neuen Leseansicht. Sie können Teile des Dokuments reduzieren und sich auf den gewünschten Text konzentrieren. Wenn Sie vor dem Ende zu lesen aufhören müssen, merkt sich Word die Stelle, bis zu der Sie gelangt sind – sogar auf einem anderen Gerät.¶

Video bietet eine leistungsstarke Möglichkeit zur Unterstützung Ihres Standpunkts. Wenn Sie auf "Onlinevideo" klicken, können Sie den Einbettungscode für das Video einfügen, das hinzugefügt werden soll. Sie können auch ein Stichwort eingeben, um online nach dem Videoclip zu suchen, der optimal zu Ihrem Dokument passt.¶

Damit Ihr Dokument ein professionelles Aussehen erhält, stellt Word einander ergänzende Designs für Kopfzeile, Fußzeile, Deckblatt und Textfelder zur Verfügung. Beispielsweise können Sie ein passendes Deckblatt mit Kopfzeile und Randleiste hinzufügen. Klicken Sie auf "Einfügen", und wählen Sie dann die gewünschten Elemente aus den verschiedenen Katalogen aus.¶

Mit den vielfältigen Gestaltungsmöglichkeiten in Word lassen sich perfekte Ergebnisse herbeizaubern

Antwort: Wenn Sie zum Austausch der Bilder in Word 2016, 2013, 2010 und 2007 die Word-eigene Funktion zum Bilder-Wechsel nutzen, bleiben alle Formatierungen erhalten – ausgetauscht wird nur das Bild selbst.

Bilder lassen sich in nur 3 Schritten austauschen

So einfach geht's:

1. Klicken Sie zunächst das auszutauschende Bild mit der **rechten** Maustaste an. Es öffnet sich ein Kontextmenü, in dem Sie danach den Befehl **Bild ändern** Ⓐ mit der **linken** Maustaste wählen und dann **Aus Datei** Ⓑ anklicken (siehe Abbildung oben auf Seite 42).

Austausch über das Kontextmenü starten

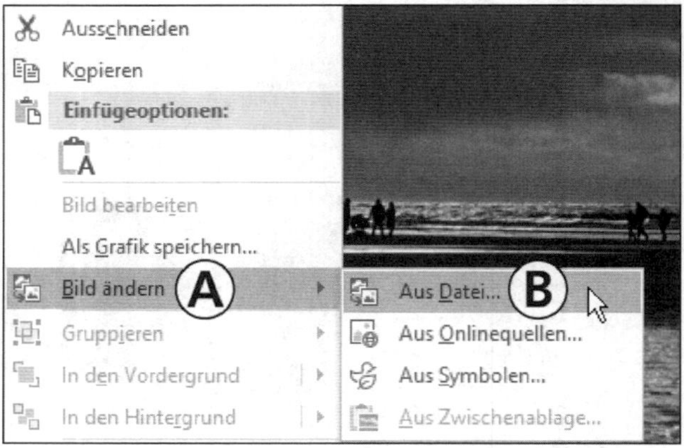

Neues Bild wählen

2. Nun erscheint das vertraute Dialogfeld zum Einfügen von Bildern, in dem Sie das neue Bild markieren **C** und mit einem Klick auf die Schaltfläche **EINFÜGEN** **D** übernehmen.

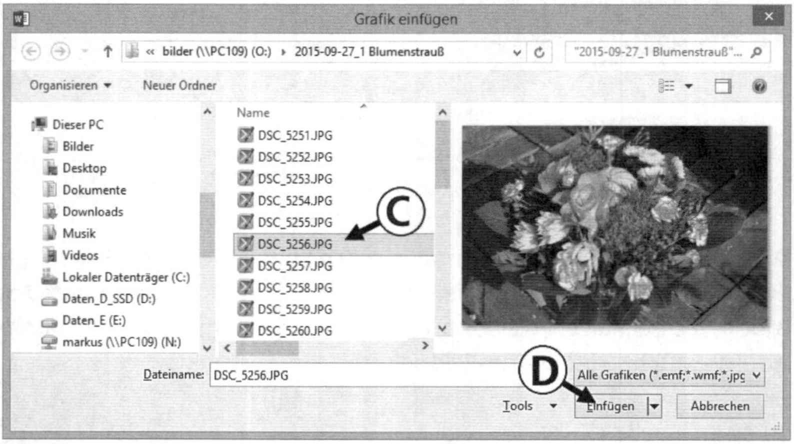

So wird das alte Bild durch das neu ausgewählte Bild ersetzt.

Formatierungen bleiben lückenlos erhalten

3. Word tauscht daraufhin das Bild aus. Alle von Ihnen vorgenommenen Änderungen wie Größeninformationen, Positionsangaben und Formatierungen des ursprünglichen Bildes werden vollständig beibehalten. ❖

Wie installiere ich Updates für Word, Excel und PowerPoint 2013/2016?

Neue Office-Version im Einsatz

Frage: *Nach dem Wechsel auf Windows 10 habe ich auch gleich in eine neue Office-Version investiert, sodass ich alle Ihre Tipps zu Word, Excel und PowerPoint auch umsetzen kann.*

Von meiner alten Office-2003-Version war ich gewohnt, dass sie zusammen mit den Windows-Updates immer auf den aktuellsten Stand gebracht wurden und ich so keine Sicherheitslücken befürchten musste.

Ist das bei der neuesten Office-Version auch noch so?

Herr Gutmann

Updates werden bei 2016 und 2013 von Office verwaltet

Antwort: Ob die Updates zusammen mit den Windows-Versionen aktualisiert werden, hängt von der erworbenen Office-Version ab. Bei im Handel typischerweise erhältlichen Office 2016- als auch Office 2013-Versionen, bei denen Sie nur noch eine Lizenznummer erhalten und dann die Installationsdaten via Internet auf Ihren PC übertragen, ist das nicht mehr der Fall. Hier werden die Updates vom jeweiligen Office-Paket selbst verwaltet.

Aktualisierung erfolgt automatisch

Office ist nach der Installation so eingestellt, dass es regelmäßig nach Updates sucht und sie automatisch im Hintergrund installiert. Sie bekommen von dem Vorgang außer einer eventuellen Meldung meist gar nichts mit.

Das automatische Aktualisieren von Office funktioniert aber nur dann zuverlässig, wenn der PC täglich lang genug aktiv ist, sodass Office ausreichend Zeit für die Aktualisierung hat.

Updates manuell überprüfen

Sicherer ist es deshalb, regelmäßig – sprich alle zwei oder drei Wochen – selbst zu prüfen, ob neue Updates zur Verfügung stehen.

Das ist mit wenigen Mausklicks zuverlässig und schnell erledigt:

1. Schließen Sie alle Office-Programme. Starten Sie Word, Excel oder PowerPoint (im Folgenden kommt Word zum Einsatz). Sobald das Programmfenster angezeigt wird, klicken Sie auf die Registerkarte **Datei**.

   Daraufhin öffnet sich die sogenannte „Backstage-Ansicht" (sprich *Bäcksteytsch-Ansicht*), in der Sie in der Befehlsübersicht auf der linken Seite auf **Konto** Ⓐ klicken.

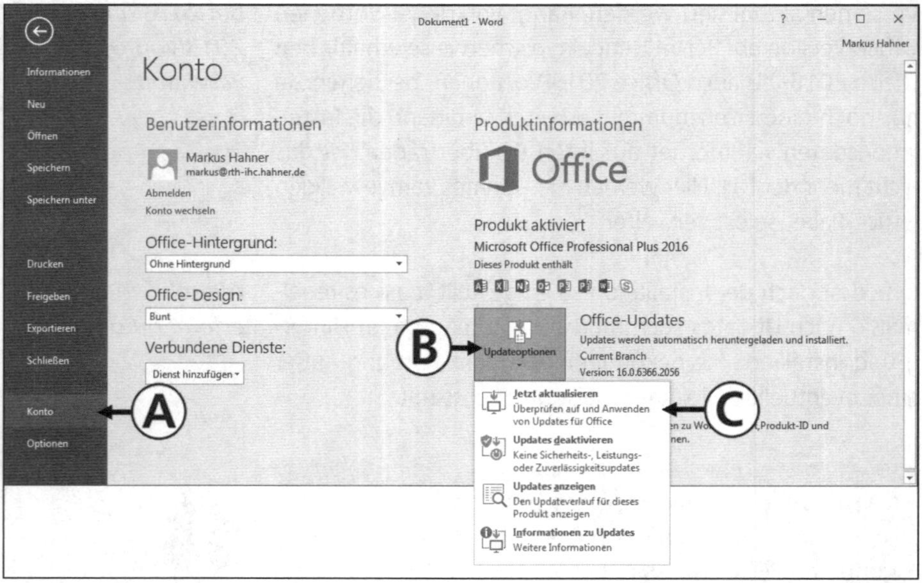

Die Update-Prüfung können Sie in der Backstage-Ansicht mit wenigen Mausklicks starten.

Update-Menü aufklappen

2. Auf der rechten Seite werden jetzt Ihre Kontodaten angezeigt. Klicken Sie hier auf die Schaltfläche **UPDATE-OPTIONEN** **B**. Daraufhin klappt ein Menü auf, in dem Sie auf **JETZT AKTUALISIEREN** **C** klicken.

3. Das geöffnete Programm prüft, ob Updates vorliegen. Dabei wird nicht nur das aktuelle Programm, sondern es werden alle Programme Ihres Office-Pakets geprüft.

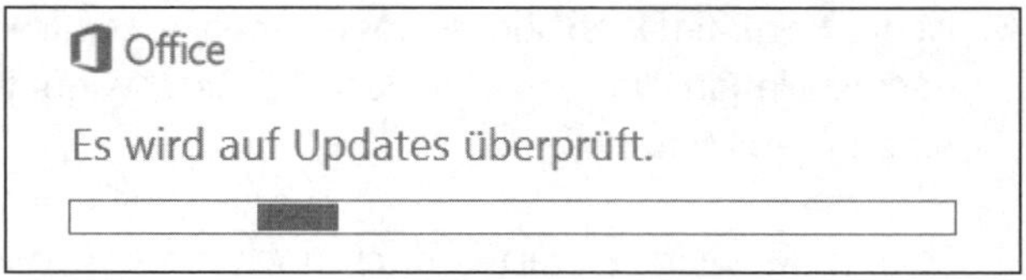

Während der Prüfung erscheint diese Status-Meldung

4. Ist Office auf dem neuesten Stand und liegen keine Updates vor, erhalten Sie den folgenden Hinweis und beenden die Prüfung mit einem Klick auf **SCHLIEẞEN**. Blenden Sie dann mit [Esc] die Backstage-Ansicht aus. Die Prüfung ist erfolgreich abgeschlossen.

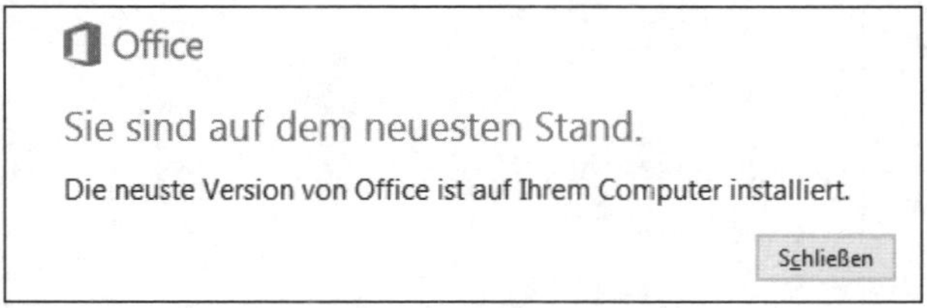

Office ist auf dem neuesten Stand

5. Sind Updates verfügbar, erscheint die Meldung **OFFICE-UPDATES WERDEN HERUNTERGELADEN**, und Office beginnt mit der Übertragung der Aktualisierungen. Dieser Vorgang kann durchaus eine halbe Stunde und länger dauern. Auch wenn in der angezeigten Meldung steht, dass Sie währenddessen weiterarbeiten können, sollten Sie die PC-Arbeit ruhen lassen. So ist sichergestellt, dass das Update fehlerfrei durchgeführt wird.

Warten Sie, bis die Updates heruntergeladen sind

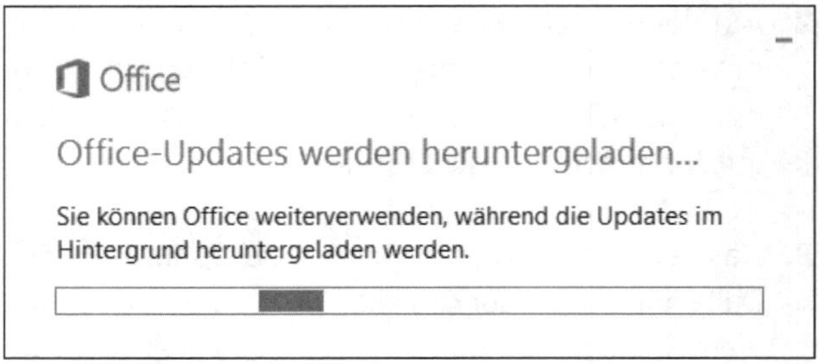

Nach maximal 10 Minuten fertig

6. Ist das Herunterladen abgeschlossen, beginnt Office mit der Installation. Das dauert je nach PC-Geschwindigkeit bis zu zehn Minuten.

   Sollten Sie wider Erwarten doch noch ein Office-Programm geöffnet haben, wird es zur Aktualisierung automatisch geschlossen. Das klappt aber nur, wenn Sie die bearbeitete Datei bereits gespeichert haben. Falls das Installationsprogramm Sie dazu auffordert, speichern Sie die geöffnete Datei und schließen das Office-Programm von Hand.

Die Installation der Updates ist in vollem Gange

7. Sobald die vorherige Meldung verschwindet, ist Office aktualisiert.

Sicherheitsprüfung: Wenn Sie jetzt die aktuelle Version mit den die Schritte 1 bis 3 nochmals überprüfen, erscheint die in Schritt 4 angezeigte Meldung – und Sie können sich darauf verlassen, dass die Aktualisierung durchgeführt wurde.

Lässt sich die Druckreihenfolge in Word umdrehen?

Drucker legt die Seiten falsch ab

Frage: *Wenn ich in Word mehrere Seiten drucke, legt mein Drucker sie leider in der falschen Reihenfolge ab. Die erste Seite liegt dann unten, die letzte ganz oben.*

Da ich in der nächsten Zeit viele umfangreiche Dokumente zu drucken habe, würde ich gerne wissen, ob es eine Möglichkeit gibt, in Word die Druckreihenfolge umzudrehen.

Frau Güntsch

Druckreihenfolge ändern

Antwort: Soll beim Drucken zuerst mit der letzten Seite eines Dokumentes begonnen werden?

Dann passen Sie die Word-Einstellungen in nur 3 Schritten an:

1. **Word 2016, 2013 und 2010:** Klicken Sie im Word-Programmfenster auf die Registerkarte **Datei**.

   Daraufhin öffnet sich die Backstage-Ansicht, in der Sie in der linken Spalte mit der Befehlsübersicht auf **Optionen** klicken.

   Word 2007: Klicken Sie im Word-Programmfenster oben links auf die runde **Office**-Schaltfläche.

   Anschließend klappt das Office-Menü auf, in dem Sie am unteren Rand auf die Schaltfläche **Word-Optionen** klicken.

Einstellung in den Optionen anpassen

2. Word zeigt daraufhin das Optionen-Dialogfeld an. In der linken Spalte klicken Sie auf **Erweitert** Ⓐ (siehe Abbildung auf Seite 48).

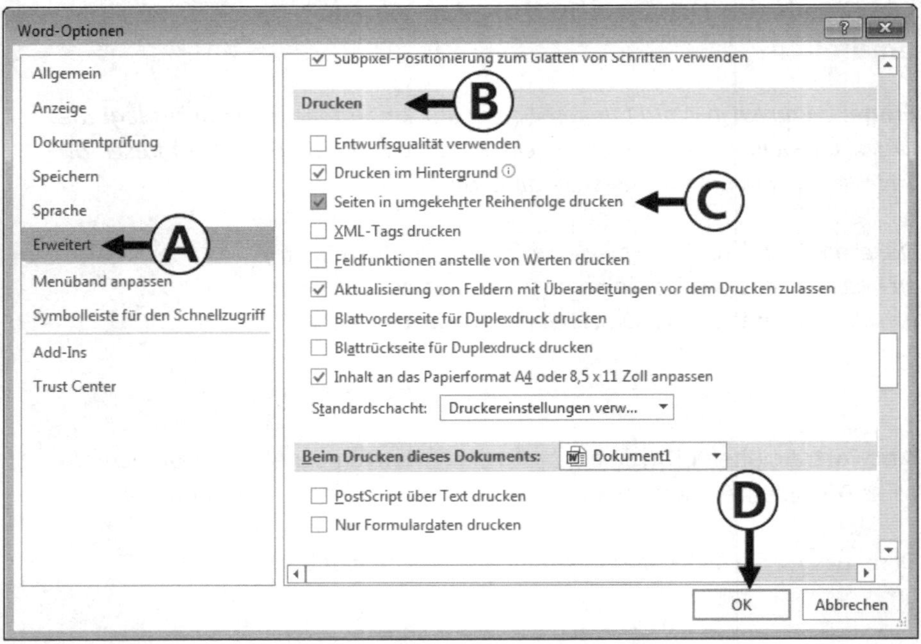

*Die Druckreihenfolge wird in den **Word-Optionen** angepasst.*

Rechts blättern Sie so weit nach unten, bis die Gruppe **Drucken** Ⓑ angezeigt wird.

3. Schalten Sie hier das Kontrollkästchen **Seiten in umgekehrter Reihenfolge drucken** Ⓒ ein. Bestätigen Sie abschließend das Optionen-Dialogfeld mit **OK** Ⓓ.

Am Ziel: Sie kehren jetzt zu Ihrem Dokument zurück. Ab sofort beginnt der Ausdruck bei jedem Druckauftrag immer mit der letzten Seite.

Einstellung gilt ab sofort dauerhaft

Word merkt sich die Einstellung dauerhaft. Wenn Sie die Druckreihenfolge wieder ändern möchten, wiederholen Sie die Schritte und schalten bei Schritt 3 das Kontrollkästchen aus.

Warum erscheint beim Öffnen einer Datei in Word oder Excel der Hinweis „Geschützte Ansicht"?

Datei kann nicht sofort bearbeitet werden

Frage: *Öffne ich in Word oder Excel eine Datei, die ich per E-Mail erhalten oder aus dem Internet auf meinen PC übertragen habe, erscheint am oberen Rand des Programmfensters ein gelber Warnhinweis.*

Erst wenn ich dort auf **BEARBEITUNG AKTIVIEREN** *klicke, wird die Datei korrekt geöffnet. Was ist der Grund für die Meldung, und warum erscheint sie nur manchmal?*

Frau Christ

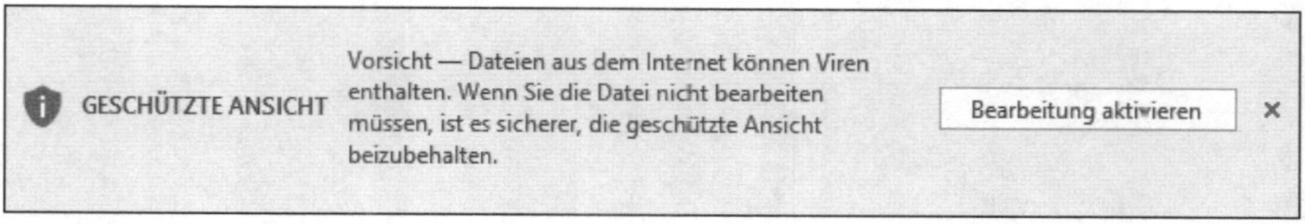

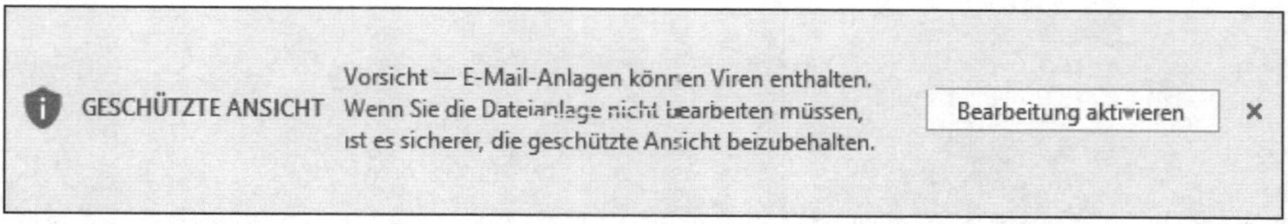

Die Warnmeldung erscheint in Word und Excel in der Version 2016, 2013 und 2010 direkt unterhalb des Menübands.

Erscheint bei Dateien aus fremden Quellen

Antwort: Eine solche Warnmeldung erscheint immer dann, wenn Sie eine Word- oder Excel-Datei per E-Mail erhalten haben und sie zum Bearbeiten öffnen.

Datei wird als „unsicher" eingestuft

Word und Excel stufen fremde Dateien generell als unsicher ein – gleichgültig aus welcher Quelle sie auch stammen. Wenn Sie die Meldung einmalig mit einem Klick auf **BEARBEITUNG AKTIVIEREN** bestätigen, merkt sich das Programm, dass die Datei vertrauenswürdig ist, und zeigt künftig beim Öffnen keine Meldung mehr an.

Dateien immer zuerst prüfen!

Achten Sie deshalb immer ganz genau auf die Meldung, und prüfen Sie **vor** dem Klick auf **BEARBEITUNG AKTIVIEREN**, ob Sie der Datei auch wirklich vertrauen können.

Solange Sie nicht auf **BEARBEITUNG AKTIVIEREN** klicken, können Sie in der Datei blättern und den Inhalt prüfen.

Der Klick auf **BEARBEITUNG AKTIVIEREN** ist also erst notwendig, wenn Sie Änderungen an der Datei vornehmen möchten. ❖

Wie kann ich die Dateinamenserweiterung anzeigen lassen?

Anzeige ist nicht aktiv

Frage: *Wenn ich per E-Mail Dateien gesendet bekomme, kann ich am Dateinamen oft nicht erkennen, um was für eine Art Datei es sich handelt. Nun gibt es ja die Dateinamenserweiterungen, wie „.docx", „.zip" „.exe" oder „.jpg", die eindeutig festlegen, zu welchem Programm die Datei gehört. Leider zeigt mir mein PC die Dateinamenserweiterungen nicht an. Was muss ich tun, damit ich sie auch auf meinem PC sehe?*

Herr Maurer

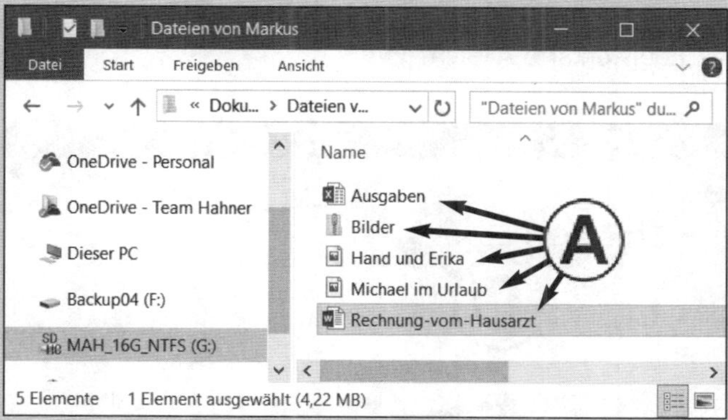

Dateien im Explorer: einmal ohne Dateinamenserweiterungen **A** *…*

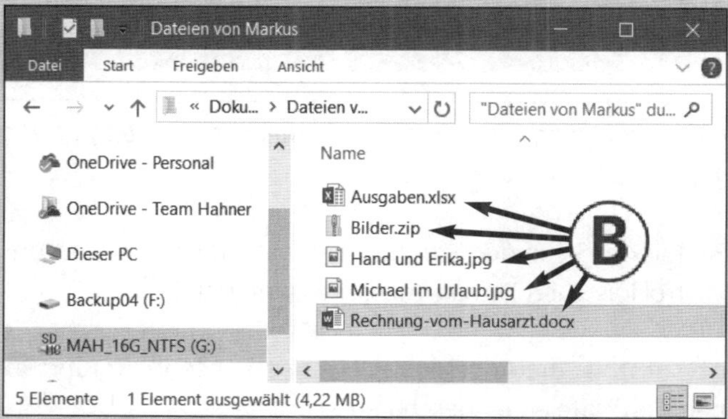

… und einmal mit angezeigten Dateinamenserweiterungen **B**

Einmalig einschalten

Antwort: Die Anzeige der Dateinamenserweiterung schalten Sie mit wenigen Mausklicks einmalig im Windows-Explorer ein.

Windows merkt sich die Einstellung, die Anzeige ist anschließend sowohl im Windows-Explorer als auch in allen Programmen dauerhaft aktiv.

So geht's am einfachsten in Windows 10 und 8.1:

1. Öffnen Sie den Windows-Explorer. Am schnellsten erreichen Sie das mit der Tastenkombination [⊞]+[E].

2. Wechseln Sie am oberen Rand im Menüband auf die Registerkarte **ANSICHT** **C**.

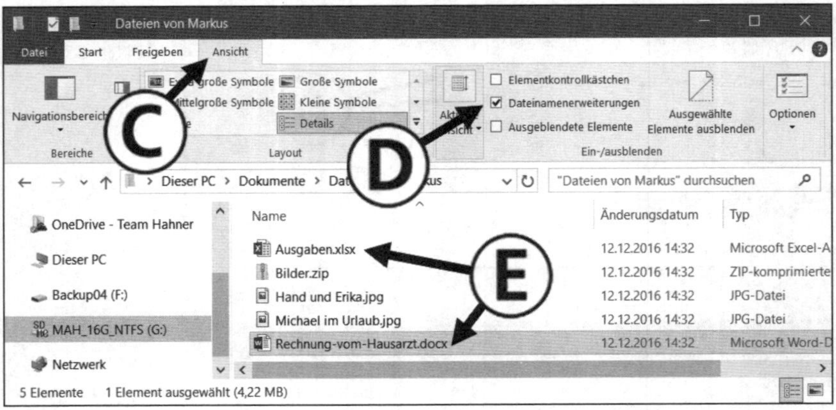

Das Kontrollkästchen zum Einschalten der Dateinamenserweiterung finden Sie direkt im Menüband des Explorers.

3. Klicken Sie in der Gruppe **EIN-/AUSBLENDEN** auf das Kontrollkästchen **DATEINAMENSERWEITERUNGEN** **D**.

Sichtbare Dateinamenserweiterungen

Ab sofort ist die Anzeige der Dateinamenserweiterung **E** bei allen Dateien eingeschaltet.

Und so wird´s unter Windows 7 gemacht:

1. Öffnen Sie den Windows-Explorer. Am einfachsten geht es mit der Tastenkombination [⊞]+[E].

2. Klicken Sie danach am oberen Rand des Dialogfeldes auf **ORGANISIEREN** **F**. Wählen Sie in dem aufgeklappten Menü den Befehl **ORDNER- UND SUCHOPTIONEN** **G**.

ORDNER- UND SUCHOPTIONEN anzeigen

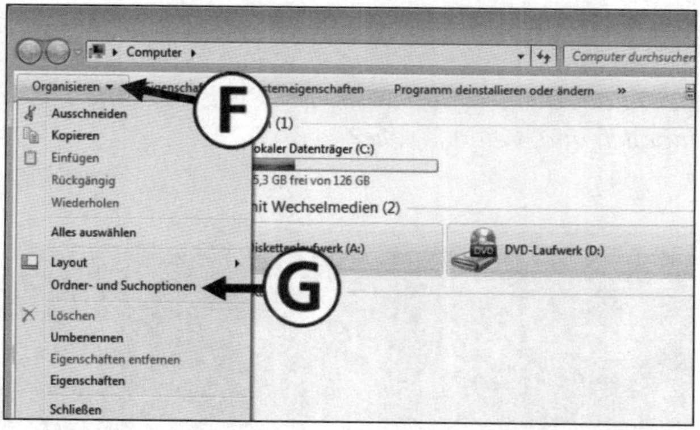

3. Es erscheint ein Dialogfeld, in dem Sie auf die Registerkarte **ANSICHT** **H** wechseln.

Auf die Registerkarte ANSICHT wechseln

4. Schalten Sie anschließend in dem Listenfeld **ERWEITERTE EINSTELLUNGEN** das Kontrollkästchen **ERWEITERUNG BEI BEKANNTEN DATEITYPEN AUSBLENDEN** **I** aus, indem Sie per Mausklick den Haken entfernen. Schließen Sie das Fenster dann per Klick auf **OK**.

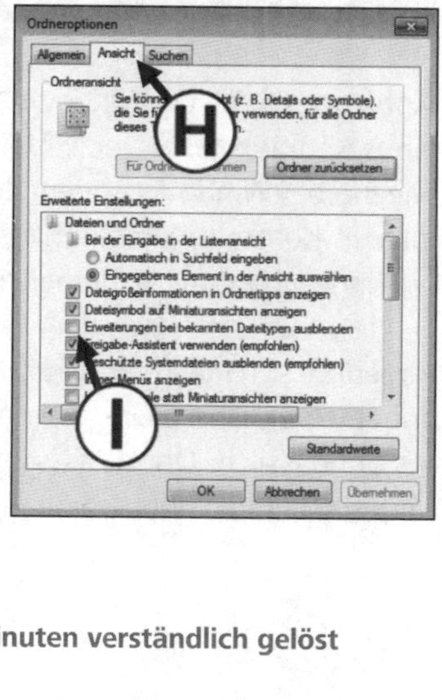

Ab sofort ist die Anzeige der Dateinamenserweiterung bei allen Dateien eingeschaltet, und Sie können bereits an der Dateinamenserweiterung den Inhalt bzw. die Funktion der Datei erkennen. ❖

Lässt sich das Passwort von Windows 10 löschen?

Kennwort-Eingabe ausschalten

Frage: *Nach dem Start von Windows 10 erscheint immer erst der Anmeldebildschirm, bei dem ich ein Kennwort eintragen muss. Da ich meinen PC allein benutze, würde ich gerne auf die Eingabe des Kennworts verzichten. Ist das möglich und, wenn ja, wie?*

Herr Maurer

Beim Start von Windows 10 werden Sie zur Eingabe des Kennworts Ⓐ *aufgefordert*

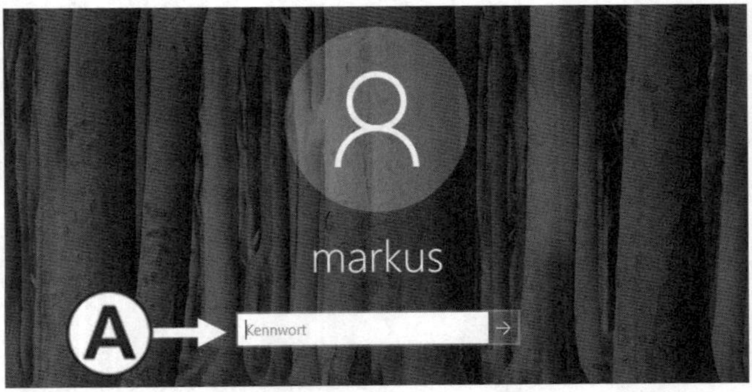

Abhängig von der Art der Anmeldung

Antwort: Ob Sie bei Windows 10 beim Start auf die Eingabe eines Kennworts Ⓐ verzichten können, hängt davon ab, wie Sie bei Windows angemeldet sind. Sind Sie mit einem lokalen Konto angemeldet, ist kein Kennwort notwendig (wenngleich es aus Sicherheitsgründen empfohlen wird).

Bei der Anmeldung mit dem Microsoft-Konto ist das Kennwort unerlässlich

Haben Sie sich mit Ihrem Microsoft-Konto unter Windows 10 angemeldet, ist die Eingabe des Microsoft-Konto-Passwortes unerlässlich. Ohne Passwort wäre Ihr Microsoft-Konto ungeschützt und könnte von jedem, der Ihre E-Mail-Adresse kennt, unkontrolliert genutzt werden. Ein Microsoft-Konto benötigen Sie, wenn Sie beispielsweise über den Windows-Store Apps auf Ihrem PC installieren möchten oder Einstellungen zwischen mehreren Windows-10-Geräten automatisch austauschen möchten.

So finden Sie heraus, wie Sie bei Windows 10 angemeldet sind:

1. Klicken Sie mit der **linken** Maustaste auf die **Start**-Schaltfläche ⊞. Es klappt das Startmenü auf, in dem Sie auf das Zahnrad-Symbol **Einstellungen** ⚙ klicken.

2. Es öffnet sich das Dialogfeld **Einstellungen**, in dem Sie mit einem Klick auf die **Konten** zu den benötigten Einstellungen wechseln.

Anmeldeart prüfen

3. Sobald der Inhalt des Dialogfeldes gewechselt hat, ist auf der linken Seite bereits die Rubrik **Ihre Infos** **B** ausgewählt. Rechts ist unterhalb Ihres Anmeldenamens der Hinweis **Lokales Konto** **C** (Sie können das Kennwort löschen) oder die E-Mail-Adresse Ihres Microsoft-Kontos **D** zu lesen.

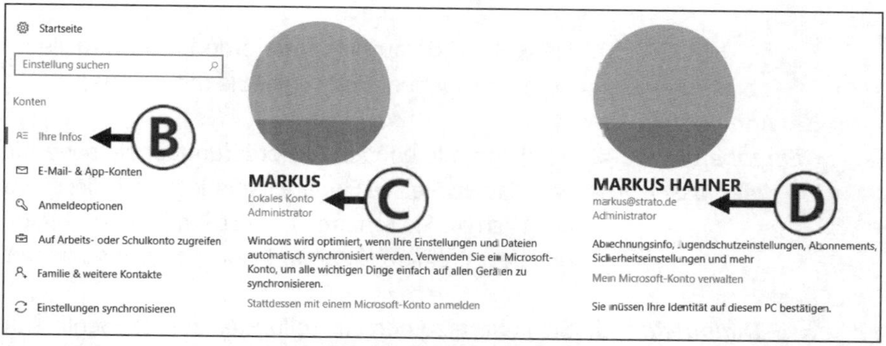

*Links die lokale Anmeldung **C**, rechts die Anmeldung mit einem Microsoft-Konto **D**.*

Dialogfeld schließen

4. Verlassen Sie die Einstellungen mit einem Klick auf die SCHLIEßEN-Schaltfläche oben rechts.

Wenn Sie mit einem lokalen Konto angemeldet sind, können Sie wie nachfolgend beschrieben das Kennwort löschen.

So löschen Sie das Kennwort, wenn Sie mit einem lokalen Konto angemeldet sind:

1. Hat die Überprüfung Ihrer Windows-10-Anmeldung ergeben, dass Sie mit einem lokalen Konto angemeldet sind? Dann öffnen Sie wie in Schritt 1 und 2 auf Seite 55 beschrieben wieder das Dialogfeld **EINSTELLUNGEN** und wechseln zu den **KONTEN**.

Anmeldeoptionen öffnen

2. Auf der linken Seite klicken Sie auf die Rubrik **ANMELDEOPTIONEN**. Rechts geht es bei **KONTOKENNWORT ÄNDERN** Ⓔ mit einem Klick auf die Schaltfläche **ÄNDERN** Ⓕ weiter.

Kennwort ändern

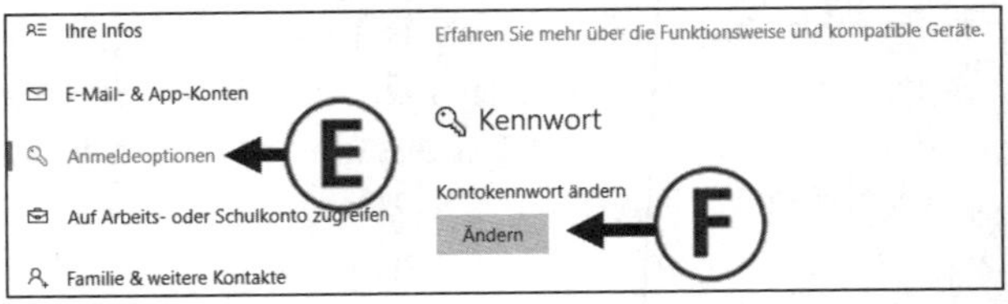

3. Sie werden daraufhin aufgefordert, das aktuelle Kennwort einzugeben. Bestätigen Sie mit **WEITER**.

Eingabefelder leer lassen

4. Bei der nun folgenden Aufforderung für ein neues Kennwort lassen Sie alle Eingabefelder leer und klicken sofort auf **WEITER**. Sie erhalten eine abschließende Meldung, die Sie mit einem Klick auf **FERTIG STELLEN** schließen.

Dialogfeld schließen

5. Sie kehren zu den Einstellungen zurück. Schließen Sie das Dialogfeld **EINSTELLUNGEN** mit einem Klick auf die **SCHLIEßEN**-Schaltfläche oben rechts.

Jetzt ist das Kennwort gelöscht: Beim Windows-Start erscheint keine entsprechende Meldung mehr. Stellen Sie sicher, dass niemand Zugriff auf Ihren PC hat, schließlich sind ab sofort alle Ihre Daten ungeschützt. ❖

Kennwort ist gelöscht

Warum erscheinen Meldungen von Kaspersky im Windows-10-Info-Center?

Frage: *Im Info-Center von Windows 10 bekomme ich Meldungen von Kaspersky Internet Security angezeigt. Wer legt eigentlich fest, welche Meldungen dort erscheinen?*

Meldungen unterschiedlicher Programme?

Herr Valentino

Antwort: Wenn Sie bei Windows 10 in der Taskleiste ganz rechts auf das **Sprechblasen**-Symbol Ⓐ klicken, klappt das Info-Center auf. Darin zeigen Windows und einige auf Ihrem PC installierten Programme die unterschiedlichsten Benachrichtigungen Ⓑ an.

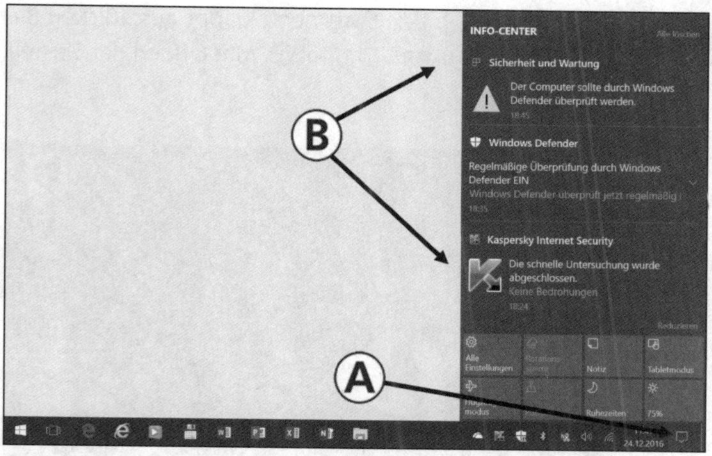

Das Info-Center ist eine Neuerung von Windows 10 und wird mit einem Klick auf das **Info-Center**-*Symbol* Ⓐ *geöffnet.*

Das **INFO-CENTER**-Symbol erscheint in zwei unterschiedlichen Darstellungen:

Unterschiedliche Darstellungen beachten

Erscheint das **SPRECHBLASEN**-Symbol gefüllt, sind neue Benachrichtigungen vorhanden. Die Ziffer gibt an, wie viele Benachrichtigungen neu hinzugekommen sind.

Ist das **SPRECHBLASEN**-Symbol leer, haben Sie das Info-Center bereits geöffnet und den Hinweis gelesen.

Sind die Benachrichtigungen noch vorhanden?

Ob die Benachrichtigungen im Info-Center weiterhin aufgeführt werden oder ob Sie sie gelöscht haben, ist anhand des Symbols nicht zu erkennen. Um das zu erfahren, müssen Sie mit einem Klick auf das Symbol das Info-Center öffnen.

Welche Benachrichtigungen im Info-Center angezeigt werden, lässt sich über die Windows-Einstellungen prüfen bzw. festlegen.

1. Klicken Sie in der Windows-Taskleiste links auf die **START**-Schaltfläche. Das Startmenü klappt auf: Klicken Sie hier auf das **ZAHNRAD**-Symbol **A** zum Öffnen der Einstellungen.

Wechseln Sie zu den Windows-Einstellungen

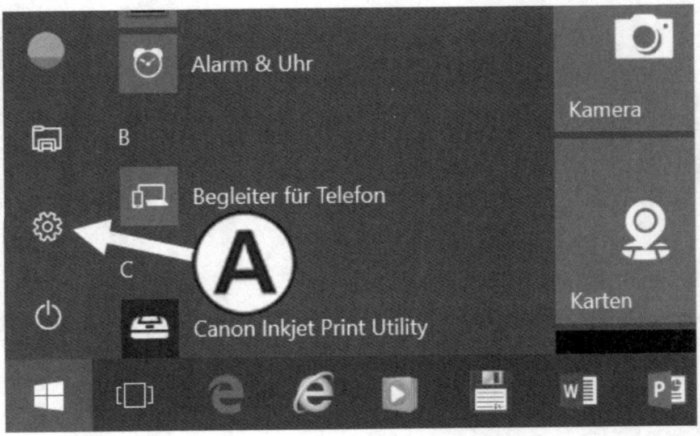

2. Sobald das Dialogfeld **Einstellungen** angezeigt wird, klicken Sie gleich auf das erste Symbol **System** Ⓑ.

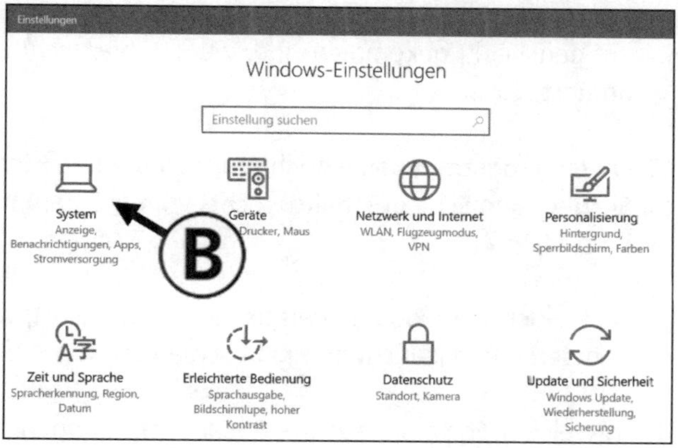

Die Anpassung der Benachrichtigungen erfolgt bei System

3. Der Inhalt des Dialogfeldes wechselt. Wenn Sie anschließend links auf die Rubrik **Benachrichtigungen und Aktionen** Ⓒ klicken, erscheinen rechts die zugehörigen Einstellungen. Blättern Sie hier nach unten, um die Liste **Benachrichtigungen dieser Absender abrufen** Ⓓ anzuzeigen.

Einstellungen prüfen

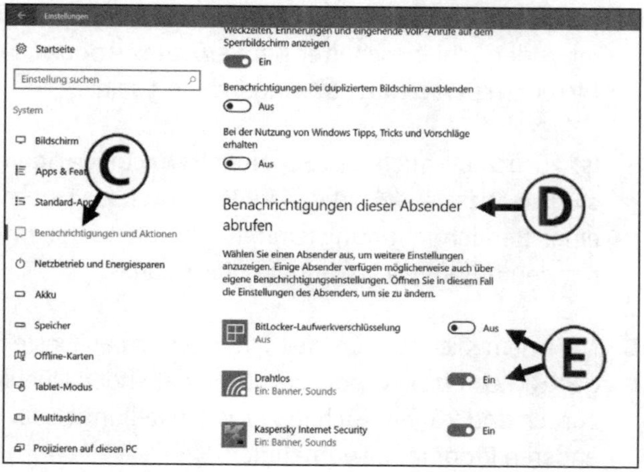

In der Liste führt Windows alle Programme auf, die Benachrichtigungen an das Info-Center übergeben können

In der Liste werden sämtliche Programme aufgeführt, die auf Ihrem PC installiert sind und in der Lage sind, Benachrichtigungen an Windows 10 zu übergeben (ältere Programme, die vor dem Erscheinen von Windows 10 auf den Markt gekommen sind, werden hier nicht aufgeführt sein).

Stellung des Schiebeschalters beachten!

Ob ein Programm Benachrichtigungen übergibt, legen Sie über den Schiebeschalter rechts vom Programmnamen fest ❺.

Da Kaspersky im obigen Beispiel eingeschaltet ist, werden deren Benachrichtigungen auch angezeigt.

4. In welcher Form Sie auf die Benachrichtigungen aufmerksam gemacht werden, legen Sie mit einem Klick auf den Programmnamen in der Liste fest.

   Klicken Sie beispielsweise auf den Eintrag **Kaspersky Internet Security** (nicht auf den Schiebeschalter!), wechselt der Inhalt des Dialogfelds **Einstellungen** erneut.

Bei Bedarf ein- und ausschalten

5. Damit die Benachrichtigung im Info-Center erscheint, muss der Schiebeschalter bei **Benachrichtigungen im Info-Center anzeigen** ❻ eingeschaltet sein.

   Ist zusätzlich auch der Schalter **Benachrichtigungsbanner anzeigen** ❼ aktiv, zeigt Windows das Eintreffen einer Benachrichtigung einige Sekunden lang in der rechten unteren Ecke des Bildschirms an.

Einstellungen für jedes Programm einzeln festlegen

6. Mit einem Klick auf den Pfeil links oben neben Einstellungen ❽ kehren Sie wieder zur vorhergehenden Übersicht zurück und können sich jetzt die Einstellungen für die anderen Programme vornehmen.

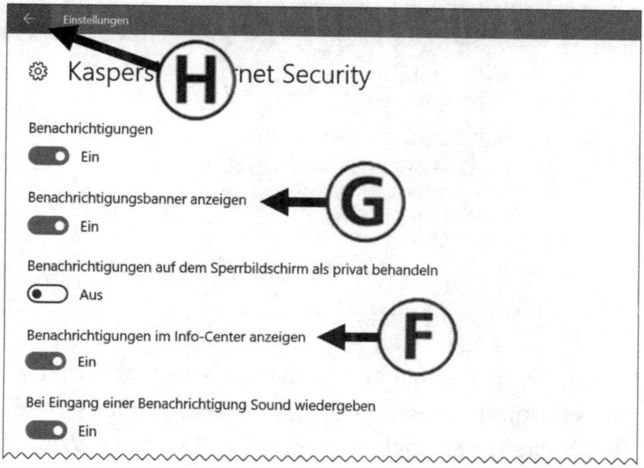

Hier legen Sie fest, welche Benachrichtigungen in welcher Form angezeigt werden

Ab sofort können Sie Benachrichtigungen gezielt ein- bzw. ausschalten und werden so genau von den Programmen informiert, die für Sie wichtig sind. ❖

Warum kann ich eine Datei im Windows-Explorer nicht löschen?

Dateien lassen sich aus unerfindlichen Gründen nicht löschen

Frage: *Beim Aufräumen der Festplatte meines PCs will ich einige alte Dateien löschen. Doch gleichgültig, ob ich versuche, die Datei mit der Taste* `Entf` *oder über das Kontextmenü mit dem Befehl* **LÖSCHEN** *zu entfernen, der Windows-Explorer quittiert den Löschvorgang immer mit einer Fehlermeldung.*

Was ist der Grund für das Verhalten? Was muss ich tun, um die Dateien löschen zu können?

Frau Bug

Antwort: Die Ursache für die Fehlermeldung ist, dass die Datei bereits in einem anderen Programm geöffnet ist. Das andere Programm verhindert, dass Sie die Datei – wie in der Titelleiste Ⓐ (siehe Abbildung auf Seite 62) der Meldung zu lesen – im Explorer löschen können.

Das Löschen wird vom Explorer gesperrt

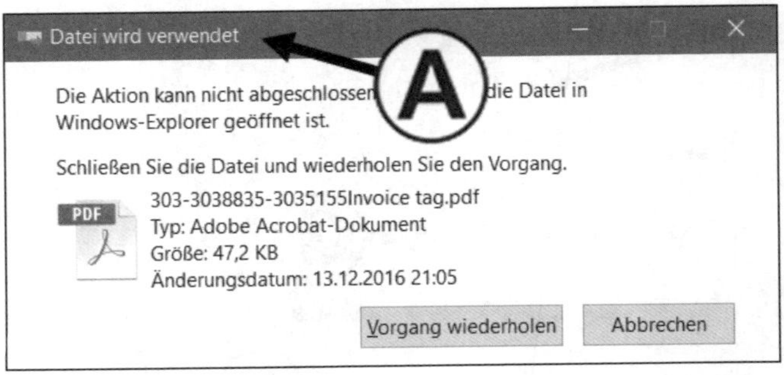

Alle Programme schließen

Stellen Sie deshalb zuerst sicher, dass tatsächlich kein anderes Programm mehr geöffnet ist. Erscheint anschließend die Meldung dennoch, liegt das Problem beim Windows-Explorer selbst. Nutzen Sie hier die Vorschau-Funktion? Dann wird der Inhalt einer markierten Datei auf der rechten Seite in einem Vorschau-Fenster angezeigt.

Aber genau dieses Verhalten sorgt auch dafür, dass die Datei jetzt vom Explorer geöffnet wurde und deshalb nicht mehr gelöscht werden kann. Der Windows-Explorer sperrt sich praktisch selbst aus.

Vorschau im Datei-Explorer ist schuld

Lösung: Schalten Sie im Explorer die Vorschau-Funktion für den Ordner aus, in dem Sie Dateien löschen möchten. Dazu drücken Sie einfach die Tastenkombination [Alt]+[E]. Schließen Sie den Explorer anschließend und öffnen Sie ihn – beispielsweise mit der Tastenkombination [⊞]+[E] neu. Jetzt lässt sich die Datei ohne Fehlermeldung löschen.

In seltenen Fällen wird eine Datei auch von einem Programm gesperrt, das für Sie unsichtbar im Hintergrund aktiv ist und Sie nicht beenden können. In diesem Fall helfen ein Neustart des PCs und das anschließende Löschen weiter. ❖

Wie kann ich überflüssige Programme vom PC entfernen?

Unnötige Programme löschen

Frage: *Auf meinem neuen PC sind zahlreiche Programme vorinstalliert, die ich alle nicht benötige. Welche davon kann ich löschen, und wie muss ich dabei vorgehen?*

Herr Lehmann

Unübersichtliche Zusatzprogramme

Antwort: Auf den meisten im Handel erhältlichen PCs installieren die Hersteller neben dem Betriebssystem Windows auch unzählige Programme.

Die Zusatzprogramme stammen teils von den Herstellern selbst, die so den Funktionsumfang von Windows erweitern und Ihnen weitere Möglichkeiten bieten möchten.

Teils werden aber auch Fremdprogramme installiert, was sich die Hersteller bezahlen lassen und ihnen so als zusätzliche Einnahmequelle dient.

Keine Informationen zum Einsatz der Programme vorhanden

Die Vielzahl der vorinstallierten Programme sorgt oft für viel Verwirrung, da ihre Funktionen weder irgendwo nachzulesen sind noch die Programme auch nur ansatzweise selbsterklärend sind.

Mit der Frage „Ist das notwendig, oder kann das weg?" stehen deshalb viele Anwender immer wieder vor der Überlegung, wie vorzugehen ist.

7 Empfehlungen: So bekommen Sie eine gute Übersicht in den Programm-Dschungel

Mit den folgenden sieben Anleitungen verbannen Sie unnötige Programme ganz einfach und pannenfrei von Ihrem PC:

Testversion von Microsoft Office

- Ist eine Testversion von Microsoft Office installiert? Wenn ja, befindet sich im Startmenü oder auf dem Desktop ein orangefarbenes Symbol mit einer Bezeichnung wie „Office holen".

  So geht's: Wenn Sie bereits über eine Microsoft-Office-Lizenz verfügen, können Sie die vorinstallierte Version löschen. Das Gleiche gilt, wenn Sie den Erwerb einer neuen Microsoft-Office-Version planen; denn letztlich müssen sowieso aktualisierte Programmdateien auf Ihren PC übertragen werden.

Ist Open Office oder Libre Office installiert?

- Ist das Office-Paket „Open Office" oder „Libre Office" vorinstalliert? Sie erkennen dies an Symbolen, die den Programmnamen tragen.

  So geht's: Wenn Sie mit Microsoft Office arbeiten, entfernen Sie Open Office bzw. Libre Office vor der Installation von Microsoft Office. Der Parallelbetrieb sorgt lediglich für Verwirrung und verschafft Ihnen keinerlei Vorteile.

PDF-Anzeige-Programm prüfen

- Ist ein PDF-Anzeigeprogramm wie „Foxit Reader", „Sumatra PDF", „Nuance PDF Reader", „Free PDF Reader" etc. vorhanden? Sie erkennen dies an dem Zusatz „PDF" im Symbolnamen.

  So geht's: Testen Sie einfach einige Tage, ob Ihnen das vorinstallierte PDF-Programm zusagt oder ob Sie lieber wieder zum Original „Adobe Acrobat Reader DC" zurückkehren möchten (im Internet kostenlos erhältlich unter **http://get.adobe.com/ de/reader**).

Film-Wiedergabeprogramm kontrollieren

- Sind Programme zur Wiedergabe von Filmen (Video-DVDs und Blu-Ray-Disks) installiert? Typische Vertreter sind „Leawo Free Blu-ray Player", „KMPlayer", „WinDVD", „CyberLink" oder „PowerDVD".

So geht's: Da Windows selbst nicht alle Filmformate wiedergeben kann, ist der Einsatz eines zusätzlichen Wiedergabeprogramms oft notwendig.

Nur Testversion?

Leider packen die Hersteller oft zeitlich begrenzte Testversionen auf den PC. Wenn Sie also bereits beim ersten Start des Programms einen Hinweis bekommen, dass Sie es nur 10, 20 oder 30 Tage einsetzen können, sollten Sie es gleich löschen und auf den kostenlosen, extrem vielseitigen „VLC Media Player" wechseln (im Internet erhältlich unter **www.videolan.org**).

Computerspiele: Löschen, wenn sie nicht benötigt werden

- Sind Spiele wie „Candy Crush", „Game Park", „Galapago", „Farm Frenzy", „Bubbletown" etc. vorinstalliert, und Sie möchten Ihren PC nicht zum Spielen nutzen?

  So geht's: Sie können alle Programme löschen, die sich beim ersten Start eindeutig als Spiele zu erkennen geben.

Nur Vollversionen von Schutzprogrammen nutzen!

- Fast immer werden auch ein oder mehrere Schutzprogramme vorinstalliert. So ist häufig eine zeitlich begrenzte Testversion von McAfee oder Norton zu finden. Oder der Hersteller hat eine kostenlose Version von Avira, Avast! etc. installiert.

  So geht's: Wenn Sie sich in der Vergangenheit bereits für ein Schutzprogramm wie Avira AntiVirus Pro oder Kaspersky Internet Security entschieden haben, löschen Sie das vorinstallierte Programm und installieren sofort das Ihnen vertraute Schutzprogramm. Haben Sie sich bislang noch für keinen Hersteller entschieden, ist Avira eine gute Empfehlung.

Herstellereigene Hilfsprogramme

- Sonstige Hilfsprogramme (werden auch als „Tools" bezeichnet): Herstellereigene Programme erkennen Sie daran, dass sie mit dessen Namen beginnen. So lauten typische Hilfsprogramme beim Hersteller ASUS entsprechend „ASUS USB Charger Plus" oder „ASUS Smart Gesture". Bei Hewlett-Packard-PCs sind Programme wie „HP 3D Drive" oder „HP System Information" installiert, Lenovo hat Programme wie „Lenovo One Key Recovery" oder „Lenovo Photomaster" mit dabei.

Symbole vom Desktop entfernen

So geht's: Da es sich teilweise um Systemprogramme handelt, sollten Sie sie nicht löschen. Sie können allerdings ruhigen Gewissens die Programmsymbole auf dem Desktop mit der **linken** Maustaste anklicken und mit der Taste [Entf] entfernen, da die Programme alle auch in der Programmübersicht im Startmenü zu finden sind. So sorgen Sie im Handumdrehen für Ordnung.

Im Internet nachschlagen

Resumee: Bei allen weiteren nicht eindeutig zu identifizierenden Programmen hilft nur die Recherche im Internet weiter.

Wenn Sie z. B. mit der Suchmaschine **www.startpage.de** nach dem Programmnamen suchen, werden Sie schnell fündig und können nachlesen, was es mit dem entsprechenden Programm auf sich hat. Wenn Sie sich nach wie vor unsicher sind, was Sie mit dem Programm tun sollen, lassen Sie es vorsichtshalber auf Ihrem PC installiert.

Programme erfolgreich deinstallieren

Mit diesen Entscheidungshilfen können Sie nun festlegen, ob Sie das jeweilige Programm auf Ihrem PC belassen oder entfernen.

Zum Entfernen gehen Sie wie folgt vor:

1. **Windows 10:** Klicken Sie mit der **linken** Maustaste links unten in das Suchfeld der Taskleiste und tippen Sie Systemsteuerung ein. Drücken Sie zum Bestätigen die Enter-Taste [↵].

Windows 8.1: Klicken Sie mit der **rechten** Maustaste auf die **START**-Schaltfläche. Wählen Sie im Kontextmenü mit der **linken** Maustaste den Befehl **SYSTEMSTEUERUNG**.

Windows 7: Klicken Sie mit der **linken** Maustaste auf die **START**-Schaltfläche. Wählen Sie im Startmenü mit der **linken** Maustaste den Befehl **SYSTEMSTEUERUNG**.

2. Im Dialogfeld der Systemsteuerung wählen Sie den Eintrag **PROGRAMM DEINSTALLIEREN** Ⓐ.

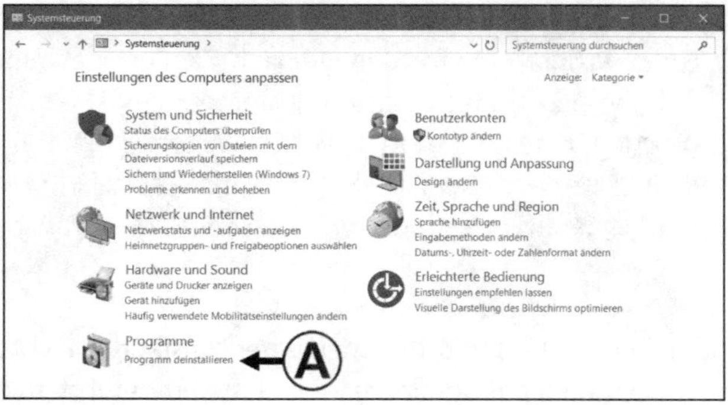

Das Entfernen der Programme erfolgt über die Systemsteuerung

3. Es öffnet sich ein weiteres Dialogfeld, in dem Windows die auf Ihrem PC installierten Programme anzeigt. Suchen Sie in der Liste nach dem zu entfernenden Programm. Klicken Sie es mit der **rechten** Maustaste an, und wählen Sie im Kontextmenü den Befehl **DEINSTALLIEREN** Ⓑ bzw. **DEINSTALLIEREN/ÄNDERN** (siehe Bild auf Seite 68).

Zu entfernendes Programm markieren

4. Folgen Sie den Anweisungen des Deinstallationsprogramms. Ist die Deinstallation abgeschlossen, kehren Sie zur Liste in Schritt 3 zurück und können weitere Programme entfernen. Zum Schluss schließen Sie das Dialogfeld mit einem Klick auf die **SCHLIEẞEN**-Schaltfläche ☒ oben rechts.

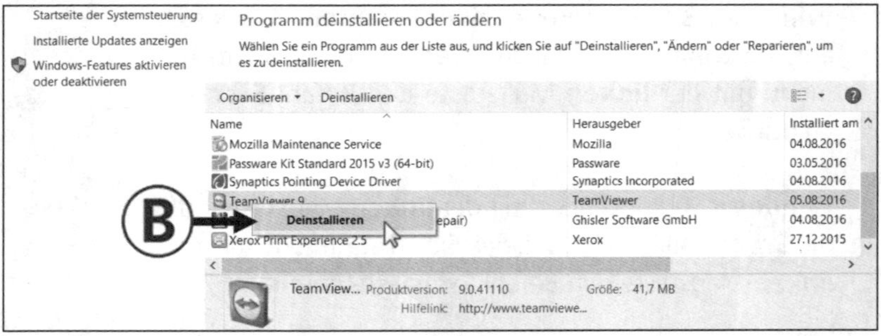

Zur Anzeige des Befehls ***Deinstallieren*** *klicken Sie mit der* ***rechten*** *Maustaste auf den Programmnamen.*

Einige Programme fordern Sie nach der Deinstallation auf, Ihren PC neu zu starten. Kommen Sie dieser Anweisung unbedingt nach, bevor Sie weitere Programme deinstallieren. Haben Sie alle Programme entfernt, starten Sie den PC – mit oder ohne Anweisung – neu.

Nur Windows 10 und 8.1

Bei Windows 10 und 8.1 werden unter Umständen nicht alle zu entfernenden Programme in der Liste aufgeführt. In diesem Fall klicken Sie die Kachel mit dem Programmnamen im Startmenü (Windows 10) bzw. Startbildschirm (Windows 8.1) mit der **rechten** Maustaste an.

Bei Windows 10 und 8.1 werden manche Programme über das Kontextmenü entfernt

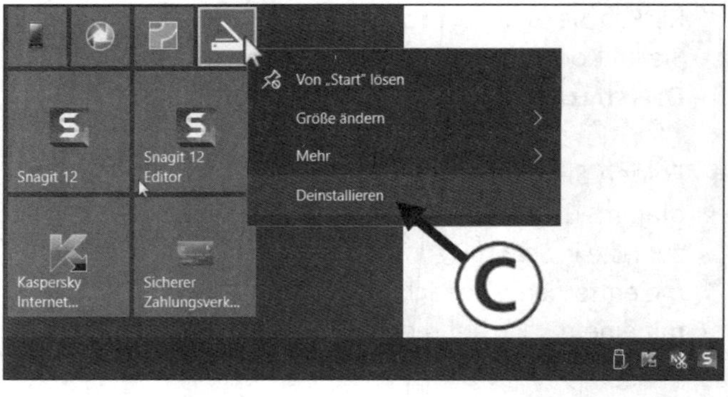

Wählen Sie im Kontextmenü den Befehl **DEINSTALLIEREN** Ⓒ. Daraufhin wird die Kachel mit allen zugehörigen Dateien entfernt. ❖

Wo finde ich bei Windows 10 die Liste der zuletzt bearbeiteten Dateien?

Wo ist die Liste mit den zuletzt verwendeten Dateien?

Frage: *Bei Windows 7 hatte ich im Startmenü den Befehl ZULETZT VERWENDET eingeschaltet. Damit konnte ich jederzeit schnell auf die zuletzt genutzten Dateien zugreifen.*

Nach dem Umstieg auf Windows 10 fehlt mir die Funktion. Wo kann ich sie wieder einschalten?

Herr Schrader

Antwort: Wenn Sie bei Windows 7 mit einem Klick auf die START-Schaltfläche Ⓐ das Startmenü öffnen, erscheint dort der Befehl **ZULETZT VERWENDET** Ⓑ.

Ein Klick auf den Befehl klappt ein Menü mit den zuletzt geöffneten Dateien auf. Wenn Sie anschließend auf einen Dateinamen Ⓒ klicken, wird die entsprechende Datei sofort geöffnet.

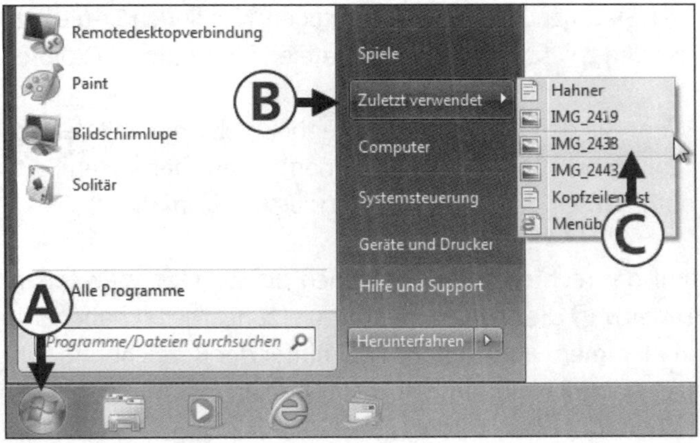

So geht's bei Windows 7: Ein Klick auf den gewünschten Eintrag genügt – schon wird die Datei geöffnet

Steht bei Windows 7 der Befehl nicht zur Verfügung? Dann können Sie ihn mit wenigen Schritten einschalten: Klicken Sie mit der **rechten** Maustaste auf eine freie Stelle der Taskleiste. Jetzt öffnet sich ein Kontextmenü, in dem Sie mit der **linken** Maustaste auf den Befehl **EINSTELLUNGEN** klicken. Daraufhin öffnet sich ein Dialogfeld, in dem Sie auf die Registerkarte **STARTMENÜ** **D** wechseln. Hier klicken Sie rechts einfach auf die Schaltfläche **ANPASSEN** **E**.

Klicken Sie auf Anpassen, um den Befehl dem Startmenü hinzuzufügen

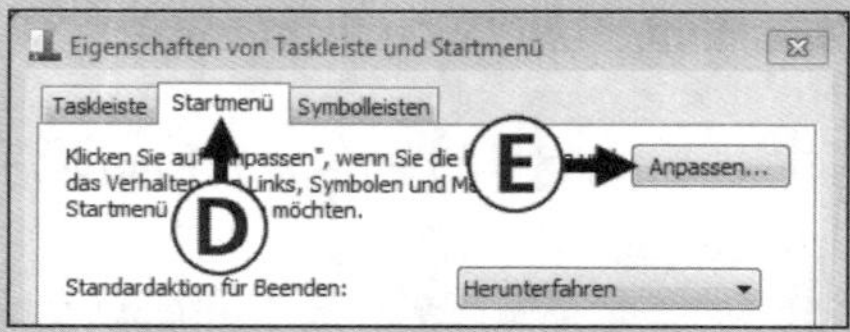

Es öffnet sich das Dialogfeld **STARTMENÜ ANPASSEN**, in dessen großem Listenfeld Sie ganz ans Ende blättern und das Kontrollkästchen vor dem Eintrag **ZULETZT VERWENDET** [☑ Zuletzt verwendet] einschalten. Schließen Sie alle Dialogfelder mit **OK**. Der Befehl **ZULETZT VERWENDET** steht Ihnen ab sofort dauerhaft im Startmenü zur Verfügung.

Windows 10

Unter Windows 10 lässt sich der Befehl **ZULETZT VERWENDET** dem Startmenü nicht mehr hinzufügen. Hier finden Sie die Liste mit den zuletzt verwendeten Dateien im Windows-Explorer.

SCHNELLZUGRIFF muss markiert sein

Wenn Sie den Windows-Explorer beispielsweise mit der Tastenkombination [⊞] + [E] öffnen, ist auf der linken Seite automatisch der Eintrag **SCHNELLZUGRIFF** **F** markiert.

Auf der rechten Seite erscheinen bei **ZULETZT VERWENDETE DATEIEN** **G** die Dateien, die Sie zuletzt bearbeitet haben. Die in Klammern angegebene Zahl hinter der Bezeichnung – im Beispiel **(5)** – gibt an, wie viele Dateien Ihnen in der Übersicht angeboten werden.

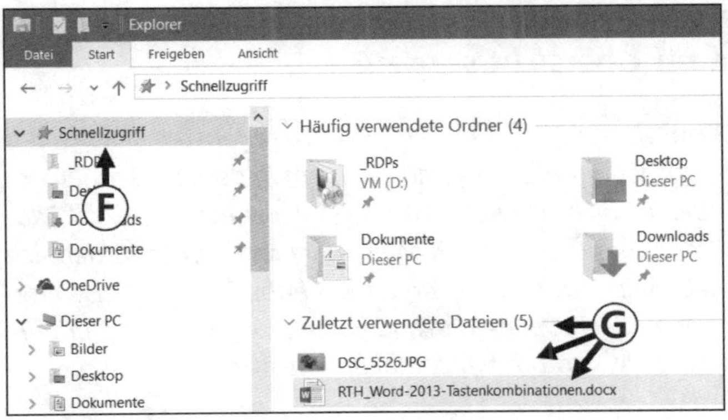

Bei ausgewähltem SCHNELLZUGRIFF zeigt der Windows-Explorer die zuletzt verwendeten Dateien an

> Der Windows-Explorer zeigt die Liste mit den zuletzt verwendeten Dateien nur an, solange Sie links den Befehl Schnellzugriff markiert haben. Klicken Sie links auf einen anderen Befehl, verschwindet die Liste.

Ordnung schaffen

Möchten Sie für etwas Ordnung sorgen und einen Eintrag aus der Liste der zuletzt verwendeten Dateien entfernen? Dann klicken Sie ihn mit der **rechten** Maustaste an Ⓗ. Im daraufhin angezeigten Kontextmenü wählen Sie mit der **linken** Maustaste den Befehl **AUS SCHNELLZUGRIFF ENTFERNEN** Ⓘ. Der Eintrag verschwindet aus der Liste, die Datei selbst bleibt selbstverständlich unverändert bestehen. ❖

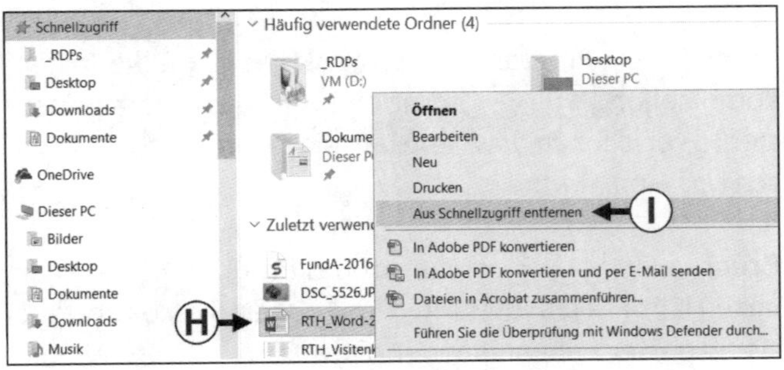

So entfernen Sie einen Eintrag aus der Liste

Wie kann ich durch geschicktes Platzieren der Programmfenster auf dem Bildschirm für Übersicht sorgen?

Auf dem Bildschirm fehlt die Übersicht

Frage: *Wenn ich mehrere Programmfenster gleichzeitig geöffnet habe, wird es auf meinem Bildschirm schnell unübersichtlich. Obwohl ich schon extra einen 24-Zoll-Bildschirm besitze, habe ich Mühe, mehrere Fenster ordentlich nebeneinander zu platzieren. So habe ich beispielsweise, während ich Online-Banking nutze, auch Excel auf, um die aktuellen Kontodaten zu dokumentieren.*

Haben Sie einen Tipp für mich, wie ich künftig einfach Ordnung schaffe? Und besonders wichtig: Wird Ihr Tipp auch nach einem Umstieg von meiner aktuellen Windows-7-Version auf Windows 10 noch funktionieren?

Herr Mühlmann

Tastenkombinationen zum einfachen Anordnen

Antwort: Ab Windows 7 stehen Ihnen zur vereinfachten Anordnung der Programmfenster einige leicht zu merkende Tastenkombinationen zur Verfügung. Diese gelten sowohl in Windows 7 als auch in Windows 8.1.

Unter Windows 10 ist deren Funktion nochmals erweitert, sodass Sie Ihr Wissen jederzeit weiternutzen können.

Windows 7 und Windows 8.1

Rechte oder linke Bildschirmhälfte

Wenn Sie ein Programmfenster anklicken und die Tastenkombination [⊞]+[→] drücken, wird das Programmfenster so verschoben, dass es exakt die rechte Hälfte des Bildschirms einnimmt.

Drücken Sie [⊞]+[←], belegt das Programmfenster die linke Hälfte des Bildschirms. So können Sie komfortabel zwei Fenster nebeneinander platzieren.

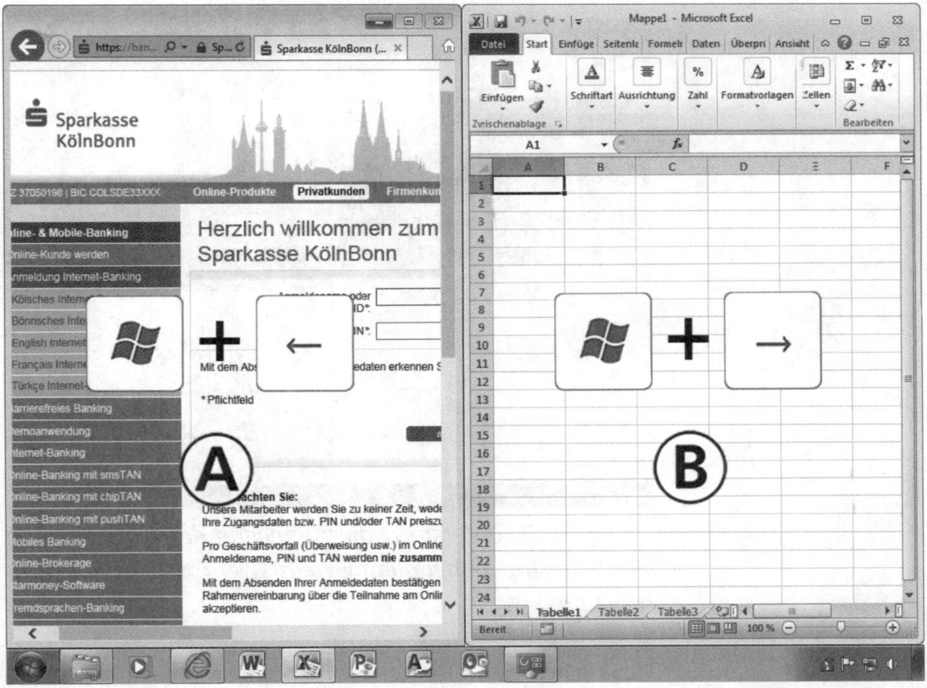

*Das Browser-Fenster ist links **A**, das Excel-Programmfenster rechts **B** platziert.*

Windows 10

Rechts oben/unten oder links oben/unten platzieren

Bei Windows 10 kann der Bildschirm nicht nur halbiert, sondern sogar geviertelt werden. Wenn Sie ein Programmfenster anklicken und die Tastenkombination [⊞] + [→] drücken, wird das Programmfenster so verschoben, dass es exakt die rechte Hälfte des Bildschirms einnimmt.

Drücken Sie anschließend die Tastenkombination [⊞] + [↑], wird es in der rechten oberen Ecke **E** platziert. Drücken Sie hingegen [⊞] + [↓] **F**, wird es in die rechte untere Ecke verschoben. Haben Sie anfangs [⊞] + [←] gedrückt, verschieben Sie das Programmfenster entsprechend in die linke obere **C** und untere Ecke **D** (siehe Abbildung auf Seite 74).

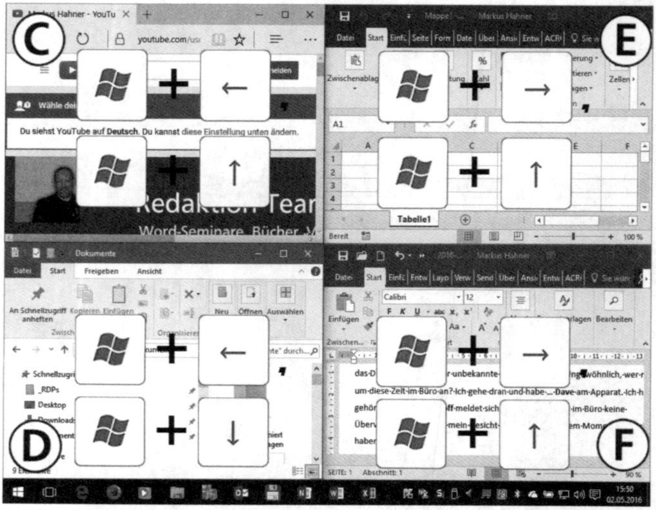

Windows 10 unterstützt die Aufteilung des Bildschirms in vier Bereiche, wobei dann jeweils zwei Tastenkombinationen zu drücken sind.

Um ein Programmfenster von der oberen in die untere Ecke zu verschieben, drücken Sie einfach zweimal [⊞]+[↓]. Umgekehrt geht es, indem Sie zweimal [⊞]+[↑] drücken.

Tipps für Windows 10, 8.1 und 7

Mehrmals drücken

- Wird ein Programmfenster nicht sofort am rechten oder linken Rand bzw. in der oberen oder unteren Ecke platziert, drücken Sie die Tastenkombination solange, bis das Programmfenster am richtigen Platz erscheint.

Programmfenster in Vollbild anzeigen

- Wenn Sie die Tastenkombination [⊞]+[↑] drücken, wird das Programmfenster als Vollbild platziert.

Zurück zur Fensteransicht

- Mit der Tastenkombination [⊞]+[↓] wird das zuvor rechts, links oder als Vollbild platzierte Programmfenster im Fenstermodus angezeigt. ❖

Wie kann ich im Windows-10-Startmenü meine Programme schneller finden?

Liste ist lang und unübersichtlich

Frage: *Wenn ich bei Windows 10 in der Taskleiste mit einem Klick auf die* **START**-*Schaltfläche ⊞ das Startmenü öffne, erscheint darin eine lange alphabetische Liste mit allen auf meinem PC installierten Programmen. Wenn ich hier einen Eintrag suche, der mit dem Buchstaben* **W** *beginnt, beispielsweise etwas aus* **WINDOWS-ZUBEHÖR**, *muss ich ganz ans Ende der langen Liste blättern.*

Das erscheint mir recht umständlich: Geht das wirklich nicht einfacher?

Frau Stöber

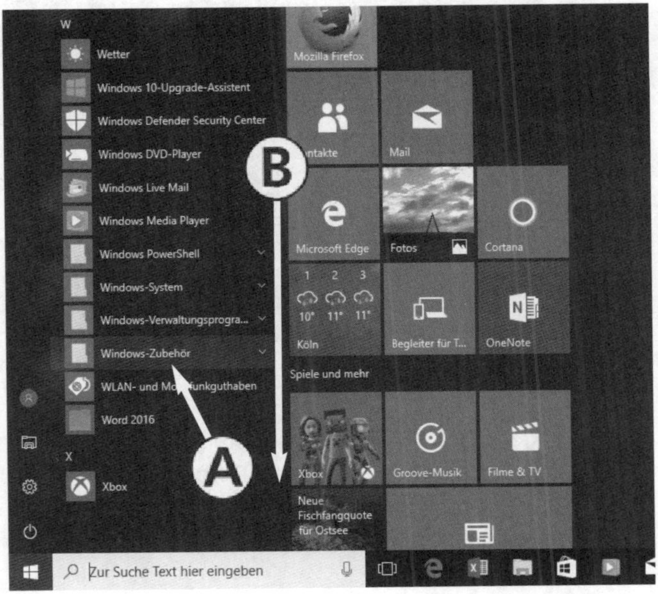

Um ein Programm bzw. einen Programmordner zu öffnen, dessen Namen hinten im ABC steht **A**, *müssen Sie erst ganz an das Ende blättern* **B**

Schnellnavigation von Windows 10 nutzen

Antwort: Die Liste mit den Apps auf Ihrem PC enthält die versteckte Schnellnavigation, mit der Sie wesentlich schneller und bequemer das gewünschte Programm finden.

1. Klicken Sie in der Windows-Taskleiste auf die **START**-Schaltfläche. Im aufgeklappten Startmenü klicken Sie jetzt auf einen der Trennbuchstaben **C**, die sich zwischen den alphabetisch angeordneten Programmnamen befinden (Programme werden seit Windows 10 auch als „Apps", sprich *Äpps*, bezeichnet).

Mit einem Klick auf den Trennbuchstaben geht es zur Schnellnavigation – und von dort zurück zur gewünschten Gruppe

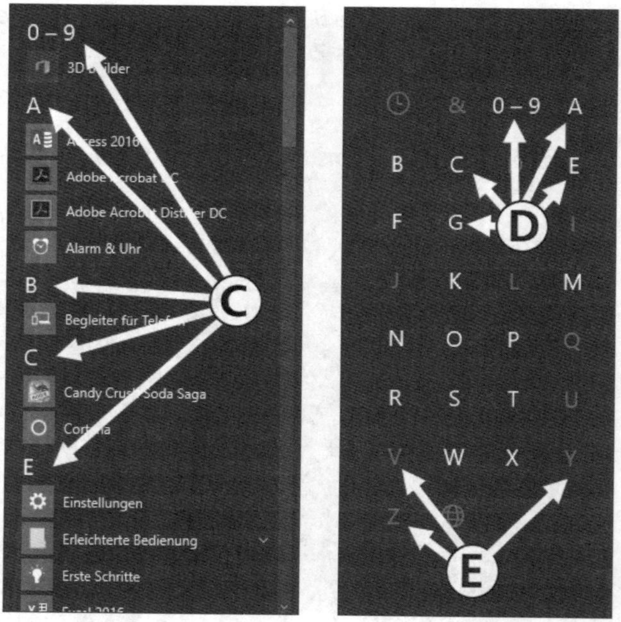

Unterschiedliche Hervorhebung beachten

2. Es erscheint anstelle der Programmliste eine Übersicht mit einigen Sonderzeichen sowie dem kompletten Alphabet. Alle Buchstaben, zu denen Programme im Startmenü vorhanden sind, sind weiß **D** hervorgehoben. Gibt es zu einem Buchstaben keinen Eintrag, ist er ausgegraut **E**.

Zurück zur Buchstabengruppe

3. Wenn Sie auf den gewünschten Buchstaben klicken, wechseln Sie sofort zurück zur Liste mit den Programmnamen und landen in der richtigen Buchstabengruppe.

Der Aufruf eines bestimmten Programms gelingt so deutlich einfacher, und Sie kommen schneller ans Ziel.

> Wenn Sie Windows 10 auf einem Tablet oder einem Windows-Smartphone einsetzen, funktioniert der Programmaufruf übrigens genau gleich. ❖

Was ist unter dem „Tabletmodus" bei Windows 10 zu verstehen?

Unterschiede zum Desktopmodus?

Frage: *Nachdem ich auf meinem PC auf Windows 10 umgestiegen bin, möchte ich jetzt auch mein Tablet auf Windows 10 aktualisieren. Ich habe gelesen, dass es hierzu einen speziellen „Tabletmodus" gibt. Wie wirkt sich dieser Modus beim Arbeiten aus? Kann ich ihn auch ausschalten, sodass mein Desktop-PC und das Tablet gleich bedient werden?*

Herr Zanker

Windows erkennt Tablets

Antwort: Erkennt Windows 10 bei der Installation, dass es sich bei dem PC um ein Tablet handelt, wird automatisch der „Tabletmodus" eingeschaltet.

Der Tabletmodus unterscheidet sich folgendermaßen von dem normalen Windows-10-Modus:

Tabletmodus: Immer in Vollbildansicht

- Öffnen Sie mit einem Klick auf die Startschaltfläche in der Taskleiste Ⓐ oder durch Drücken der Windows-Taste [⊞] das Startmenü. Im Desktopmodus erscheint das Startmenü nur als Fenster am linken Rand Ⓑ, im Tabletmodus belegt es den ganzen Bildschirm Ⓒ (siehe Abbildungen Seite 78).

Zwischen Programmen wechseln

- Wenn Sie im Tabletmodus ein Programm aufrufen, wird es immer im Vollbildmodus geöffnet – es belegt den kompletten Bildschirm. Das Verkleinern von Programmfenstern ist nur im Desktopmodus möglich.

Startmenü Ⓑ im Desktopmodus

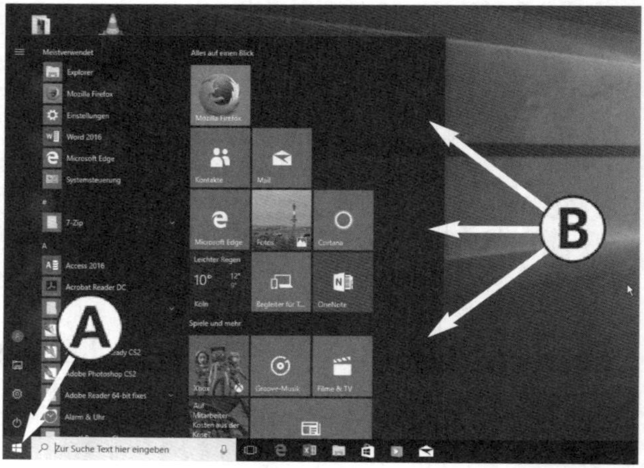

- Um im Tabletmodus zwischen mehreren Programmen hin und her zu wechseln, wischen Sie außerhalb des linken Bildschirmrands in Richtung Bildmitte.

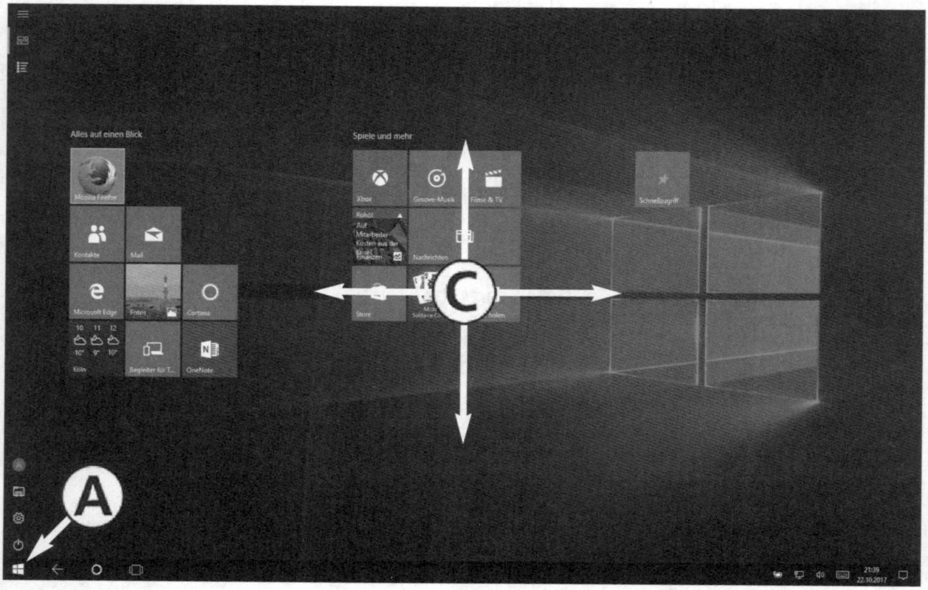

Im Tabletmodus nimmt das Startmenü den ganzen Bildschirm Ⓒ ein.

Daraufhin erscheint wie beim Drücken der Tastenkombination [Alt] + [Tab] die Übersicht aller geöffneten Programme in Form kleiner Vorschaufenster.

Zum Wechsel auf eines der angezeigten Programme tippen Sie einfach auf das gewünschte Vorschaubild **D**.

Möchten Sie zum Startmenü zurückkehren, tippen Sie in der Taskleiste auf die Startschaltfläche **E**.

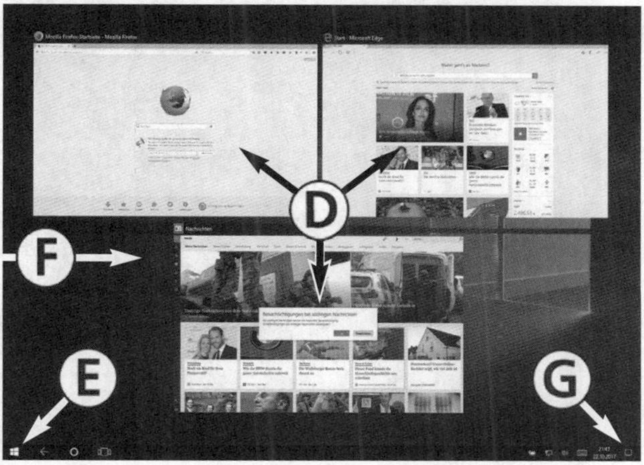

Im Tabletmodus erscheinen die Vorschaufenster nach dem Wischen vom linken Rand in Richtung Bildmitte **F**

Alle anderen Windows-10-Funktionen unterscheiden sich nicht und sind immer gleich zu bedienen.

Den Tabletmodus können Sie jederzeit mit wenigen Mausklicks ein- bzw. ausschalten:

1. Klicken Sie in der Taskleiste am rechten Rand auf die Info-Center-Schaltfläche **G** (siehe Seite 80).
2. Das Info-Center klappt am rechten Rand auf. Am unteren Rand befinden sich Schaltflächen zur Anpassung verschiedener Windows-10-Funktionen.

Suchen Sie hier nach der Schaltfläche **Tabletmodus** **H**, und schalten Sie ihn mit einem Klick ein bzw. aus. Aktive Schaltflächen sind farbig hervorgehoben.

Info-Center bei Bedarf erweitern

Wird die Schaltfläche nicht angezeigt, klicken Sie oberhalb von ihr auf **Erweitern**. Daraufhin werden weitere Schaltflächen angezeigt, der Hinweis **Erweitern** ändert sich auf **Reduzieren** **I**.

Im unteren Bereich des Info-Centers schalten Sie den Tabletmodus ein und aus

3. Schließen Sie das Info-Center mit einem Klick auf den Bildschirm außerhalb des Info-Centers.

Der Tabletmodus bleibt solange ein- bzw. ausgeschaltet, bis Sie den Status wieder auf den Desktopmodus ändern. ❖

Welches Bildbearbeitungsprogramm soll ich künftig für meine Fotos einsetzen?

Picasa wird nicht mehr weiterentwickelt

Frage: *Welches Bildbearbeitungsprogramm empfehlen Sie mir, nachdem die Weiterentwicklung des Programms Picasa letztes Jahr eingestellt wurde? In die Reihe der Google-User möchte ich mich eigentlich nicht einreihen.*

Herr Schuster

Picasa stammt von Google

Antwort: Das Programm Picasa wurde ursprünglich von dem US-amerikanischen Unternehmen „LifeScape" entwickelt und 2004 von Google übernommen. Im März 2016 wurde die Entwicklung von Picasa eingestellt. Google konzentriert sich vollständig auf seine Online-Dienste wie „Google Webalbum" und „Google Fotos", bei denen alle Bilder der Anwender ausschließlich im Internet in einem Online-Speicher („Cloud") gespeichert werden. Bei Picasa sind sie hingegen vollständig auf dem eigenen PC gespeichert – kein Dritter kann die Bilder zu Gesicht bekommen.

Funktioniert mit allen aktuellen Windows-Versionen

Auch wenn Google die Entwicklung und den Download von Picasa eingestellt hat, ist nach den Erfahrungen der Redaktion Picasa nach wie vor die erste Wahl. Das Programm arbeitet perfekt mit allen aktuellen Windows-Versionen zusammen, auch wenn in Picasa selbst nur Windows 7, Vista und XP als mögliche Betriebssysteme genannt sind.

Nach wie vor unangefochtener Testsieger

Als wir vor Jahren in der Redaktion auf der Suche nach einem Bildbearbeitungsprogramm waren, haben wir dutzende Programme geprüft und uns für Picasa entschieden. Die Entscheidung haben wir keine Minute bereut: Das Arbeiten mit unserem Testsieger macht noch genauso viel Spaß wie am ersten Tag. Kein anderes kostenloses Programm ermöglicht es, Fotos so einfach zu organisieren, wiederauffindbar zu machen und zu optimieren. Auch Programme, die bei verschiedenen Digitalkameras oder

Scannern mitgeliefert werden, können Picasa nicht das Wasser reichen.

Auf der CD von PC-Wissen für Senioren zu finden

Dass Google selbst Picasa nicht länger anbietet, ist dabei nicht weiter störend. Denn zum einen finden Sie Picasa auf der Grundwerks-CD von **PC-Wissen für Senioren**, zum anderen bieten viele Internetseiten Picasa zum Download an.

Alternative: Kaufprogramm Adobe Photoshop Elements

Die für uns in der Redaktion einzige Alternative in Sachen Bildbearbeitung ist das Kauf-Programm „Adobe Photoshop Elements", das in der aktuellen Version 2018 für um die 100 Euro angeboten wird. Bei Photoshop Elements steht die (nicht immer ganz einfache) Bildbearbeitung im Vordergrund, mithilfe der Funktion „Organizer" lassen sich dort Bilder verwalten.

Picasa ist nach wie vor zu empfehlen

Resümee: Picasa (von Google!) ist nach wie vor erste Wahl, wenn es nicht nur um die Verwaltung und einfache Bearbeitung von Fotos geht, sondern auch, wenn Ihre Fotos auf Ihrem PC und nicht im Internet in einem Online-Speicher gespeichert werden sollen. Soll der Schwerpunkt bei der leistungsfähigen Fotobearbeitung liegen, ist das Kaufprogramm Adobe Photoshop Elements 2018 eine empfehlenswerte Alternative. ❖

Lässt sich die Diashow in Picasa „endlos" wiederholen?

Fotos automatisch präsentieren

Frage: *Bei einer Ausstellung möchte ich gerne an unserem Stand meine Fotos als Diashow zeigen. Wenn das letzte der rund 50 Fotos angezeigt wurde, soll Picasa automatisch wieder mit dem ersten Foto beginnen. Ist so etwas möglich, oder benötige ich dafür ein anderes Programm?*

Frau Weyer

Mit Picasa ganz einfach möglich

Antwort: Die Aufgabe können Sie mit Picasa im Handumdrehen erledigen.

Nachdem Sie alle zu zeigenden Fotos in einem Ordner zusammengefasst haben, müssen Sie vor dem Start der Diashow nur noch eine kleine Einstellung vornehmen:

1. Klicken Sie in Picasa in der Menüleiste am oberen Rand auf **Tools**. Wählen Sie im aufgeklappten Menü den Befehl **Optionen**.

Einstellungen anpassen

2. Es öffnet sich das Dialogfeld **Optionen**, in dem Sie auf die Registerkarte **Diashow** Ⓐ wechseln.

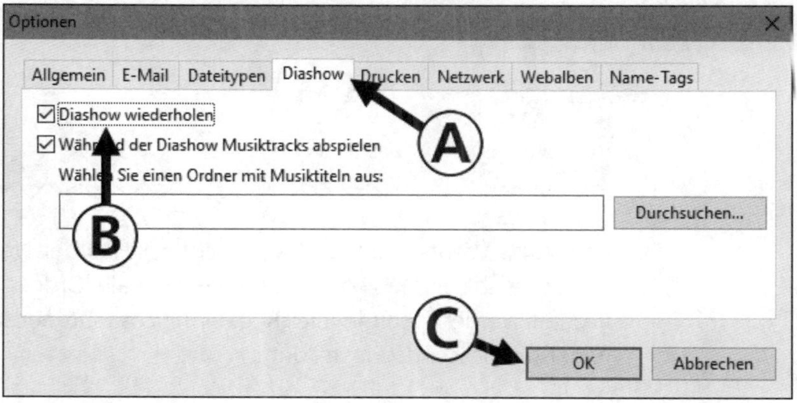

3. Schalten Sie das Kontrollkästchen **Diashow wiederholen** Ⓑ ein. Bestätigen Sie dann das Dialogfeld mit **OK** Ⓒ.

Endlos-Wiedergabe starten

Zum Start der Diashow doppelklicken Sie einfach auf ein Foto im gewünschten Ordner. Sie landen dann in der Bearbeitungsansicht, in der Sie am oberen Rand auf die Schaltfläche **Abspielen** klicken. Daraufhin werden alle Fotos im Ordner solange endlos wiedergegeben, bis Sie die Taste [Esc] drücken. ❖

Warum findet Picasa meine Fotos nicht?

Foto-Ordner fehlt in der Ordneransicht

Frage: *Nach dem Start von Picasa bekomme ich in dem Programmfenster auf der linken Seite normalerweise alle Ordner meines PCs angezeigt, in denen sich Fotos befinden. Leider vermisse ich in der Übersicht einige Ordner, die ich erst vor Kurzem angelegt habe. Was muss ich tun, damit Picasa auch diese Ordner anzeigt?*

Herr Ley

Fehlen in der Ordneransicht Foto-Ordner, lässt sich das mit wenigen Mausklicks beheben

Antwort: Wenn in der Ordneransicht Ⓐ – so der Name der Übersicht mit den Foto-Ordnern – nicht alle Ordner angezeigt werden, fehlt in aller Regel im Picasa-Ordner-Manager die passende Einstellung.

So lösen Sie das Problem:

1. Öffnen Sie Picasa. Klicken Sie auf das Menü **Tools**, und wählen Sie den Befehl **Ordner-Manager**. Daraufhin öffnet sich das Dialogfeld **Ordner-Manager**.

Fehlenden Ordner markieren

2. Blättern Sie in dem Dialogfeld auf der linken Seite in der **Ordnerliste** zu dem Ordner, den Picasa nicht anzeigt. Klicken Sie den Ordnernamen Ⓐ mit der **linken** Maustaste an, sodass er markiert ist.

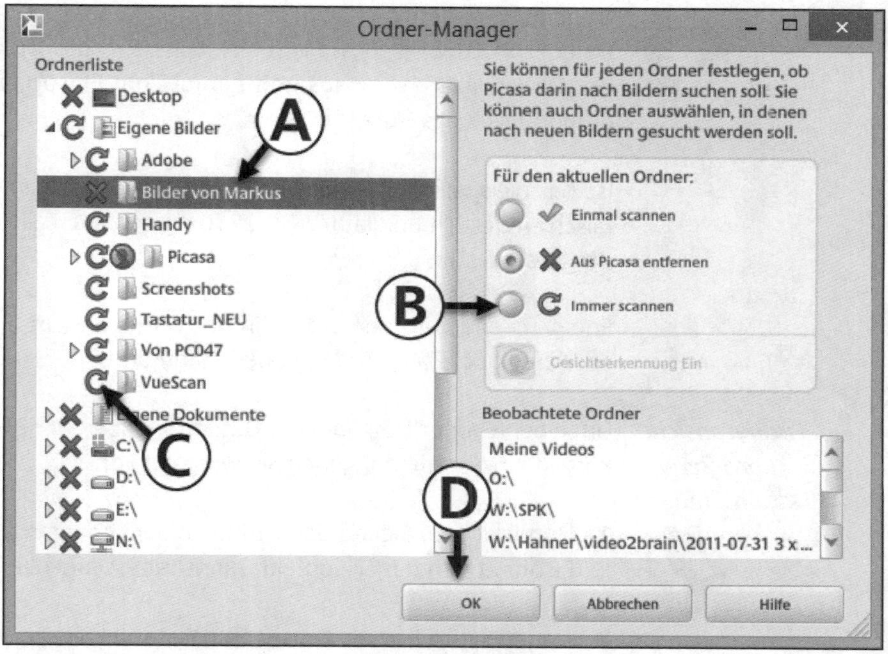

Im ***Ordner-Manager*** *legen Sie fest, welche Foto-Ordner in Picasa angezeigt werden sollen.*

3. Klicken Sie auf der rechten Seite das Optionsfeld **Immer scannen** Ⓑ an. Vor dem Ordnernamen auf der linken Seite zeigt Picasa jetzt einen blauen Kreispfeil Ⓒ an.

4. Wiederholen Sie die Schritte 2 und 3 für alle Ordner, die Picasa nicht anzeigt.

Für alle fehlenden Ordner wiederholen

5. Bestätigen Sie das Dialogfeld des Ordner-Managers mit einem Klick auf die Schaltfläche **OK** Ⓓ und kehren Sie zu Picasa zurück.

Picasa durchsucht jetzt alle soeben mit **Immer scannen** gekennzeichneten Ordner und zeigt sie schon nach kurzer Zeit in der Ordneransicht an.

Beachten Sie, dass die Ordneransicht standardmäßig nach Datum sortiert wird. Picasa liest hierzu in dem Foto-Ordner das Datum aller Fotos aus und nimmt zum Einsortieren grundsätzlich das früheste Datum.

Ist beispielsweise die Datumsanzeige der Digitalkamera falsch eingestellt und lautet 1.1.2010, tragen auch alle Bilder dieses Datum.

Entsprechend wird der Ordner in der Ordneransicht auch eher am Ende als am Anfang oben aufgeführt.

Ordneransicht korrigieren: Datum ändern

Um einen Ordner trotz falscher Datumsangaben der Bilder korrekt einzusortieren, gehen Sie wie folgt vor:

1. Doppelklicken Sie auf den Ordner in der Ordneransicht. Es öffnet sich das Dialogfeld **ORDNEREIGENSCHAFTEN**.

2. Tragen Sie im Textfeld **DATUM** **E** das Datum ein, an dem die Fotos tatsächlich erstellt wurden.

Über das Datum legen Sie fest, an welcher Position der Ordner in der Ordneransicht erscheint

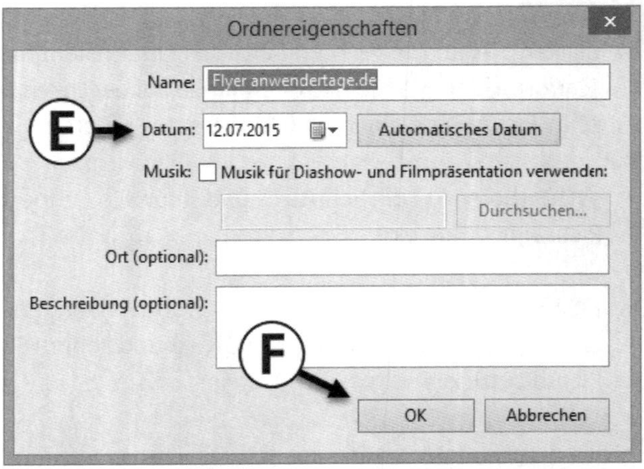

3. Bestätigen Sie das Dialogfeld mit **OK** **F**.

Ab sofort wird der Ordner zeitlich korrekt in der Ordneransicht einsortiert. ❖

Lassen sich Fotos in Picasa sofort bildschirmfüllend betrachten?

Foto ohne Störumgebung betrachten

Frage: *Kann ich in Picasa meine Fotos größer als in der Bearbeitungsansicht anschauen? Ich möchte weder den „Rahmen" mit den Werkzeugen sehen noch eine Diaschau öffnen.*

Frau Gamert

Antwort: Das funktioniert mit dem folgenden Trick:

1. Öffnen Sie zunächst in der Foto-Übersicht von Picasa ein Bild per Doppelklick, sodass es bereits groß dargestellt wird.

2. Drücken Sie nun die Tastenkombination `Strg` + `Alt`: Picasa zeigt das Foto wie von Geisterhand sofort bildschirmfüllend an – kein weiterer Befehl ist nötig!

3. Wenn Sie jetzt beide Tasten gedrückt halten, können Sie mit den Tasten `→` und `←` vor- und rückwärts blättern. ❖

Lässt sich das Sonderzeichen © auch bei Bildbeschriftungen einfügen?

Frage: *In Picasa nutze ich das Text-Werkzeug zum Beschriften meiner Bilder. Dabei würde ich gerne das echte Copyright-Zeichen „©" anstelle von „(C)" einfügen. Doch auf der Tastatur ist das Zeichen nicht zu finden. Wie kann ich es dennoch einfügen?*

Herr Richards

Trick zum Einfügen nutzen

Antwort: Das Copyright-Zeichen lässt sich mit einem einfachen Trick hinzufügen. So gehen Sie vor:

1. Doppelklicken Sie nach dem Start von Picasa auf das gewünschte Bild, worauf es im Bearbeitungsmodus geöffnet wird.

Text hinzufügen

2. Klicken Sie anschließend auf der rechten Seite bei den Werkzeugen (Registerkarte mit dem Schraubenschlüssel **A**) auf die Schaltfläche **TEXT** **B**.

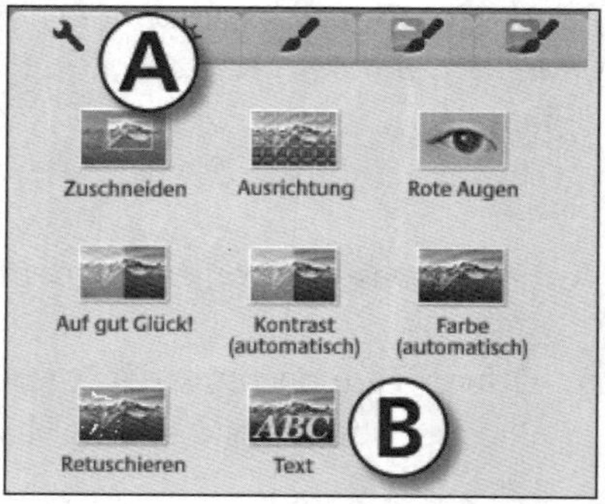

*Mithilfe der Schaltfläche **TEXT** können Sie auf Ihrem Bild beliebigen Text platzieren.*

3. Über Ihrem Bild erscheint jetzt in weißer Schrift der Hinweis „Geben Sie an einer beliebigen Stelle Text ein, um ihn hinzuzufügen." Geben Sie den Text mit Ausnahme des Copyright-Zeichens ein. Zum Schluss platzieren Sie mit den Cursortasten [→] und [←] den Cursor an der Stelle, an der das Copyright-Zeichen eingefügt werden soll.

Numerisches Tastenfeld prüfen

4. Stellen Sie jetzt sicher, dass auf Ihrer Tastatur das numerische Tastenfeld auf der rechten Seite aktiv ist. Wenn Sie dort z. B. auf die Taste [4] drücken, muss die Zahl **4** am Bildschirm erscheinen, die Sie dann gleich wieder löschen.

   Bewegt sich hingegen der Cursor und erscheint keine Zahl, drücken Sie einmal auf die Taste [Num ⇩] **C** (oberste linke Taste des numerischen Tastenfeldes). Daraufhin ist das Tastenfeld aktiv.

Das numerische Tastenfeld befindet sich auf der rechten Seite der Tastatur.

So geht's auf Notebooks

Notebook-Tastaturen verfügen nicht alle über ein eigenständiges numerisches Tastenfeld. Dieses Tastenfeld ist in solchen Fällen über eine Mehrfachbelegung zu erreichen. In aller Regel muss das numerische Tastenfeld über die Tastenkombination [Fn] + [Num ⇩] eingeschaltet werden.

Dann entsprechen die Taste [J], [K] und [L] den Zahlen [1], [2] und [3], die Tasten [U], [I] und [O] den Zahlen [4], [5] und [6] sowie die Tasten [7], [8] und [9] den gleichnamigen Zahlen.

Vergessen Sie daraufhin nicht, am Ende [Fn] + [Num ⇩] erneut zu drücken, damit die Doppelbelegung wieder ausgeschaltet ist.

Numerisches Tastenfeld bei Notebooks

Bei Notebooks ist das numerische Tastenfeld in die normale Tastatur integriert.

Code 0169 = ©

5. Halten Sie nun die Taste [Alt] gedrückt, und geben Sie dann nacheinander auf dem numerischen Tastenfeld die Ziffern [0], [1], [6] und [9] ein. Sobald Sie die Taste [Alt] lösen, erscheint anschließend auf dem Bildschirm das Copyright-Zeichen ©.

Das Copyright-Zeichen generieren Sie per Zahlencode.

6. Mit Klick auf **Übernehmen** fügen Sie die Änderung im Bild ein.

Die Eingabe des Copyright-Zeichens über den vierstelligen Zahlencode funktioniert ausschließlich über das numerische Tastenfeld. Die Zahlentasten oberhalb der Buchstaben funktionieren **nicht**! ❖

Was bedeuten die sonderbaren Zeichen und der Anhang in der empfangenen E-Mail?

Ist diese E-Mail echt?

Frage: *In einer E-Mail, die angeblich von meinem lokalen Energieversorger stammt, sind sonderbare Zeichen enthalten. Außerdem ist eine Datei mit der Dateinamenserweiterung* ***gif*** *angehängt. Handelt es sich dabei um eine echte E-Mail oder etwa um eine Spam-Mail mit angehängtem Schadprogramm?*

Herr Emmer

Format wird nicht erkannt

Antwort: Auch wenn die E-Mail sehr sonderbar aussieht, es handelt sich in diesem Fall um keine Spam-Mail. Schuld an dem sonderbaren Aussehen ist, dass Ihr E-Mail-Programm die Nachricht nicht im korrekten Format zugeschickt bekam. Entsprechend wird die E-Mail falsch angezeigt.

Inkompatibles E-Mail-Programm oder Übertragungsfehler

Das Verhalten tritt ab und an im E-Mail-Austausch auf, wenn das E-Mail-Programm des Absenders die Daten fehlerhaft aufbereitet oder dort keine Windows-Systeme zum Versand genutzt werden.

Des Weiteren kann auch bei der Übertragung der Nachricht zu Ihrem Postfach etwas schieflaufen, was dann zu einem solchen Anzeigefehler in Ihrem eigenen Postfach führt.

Tipps zur Kontrolle

Mit den folgenden Tipps lässt sich der sonderbare E-Mail-Aufbau verstehen (siehe Bild auf der Folgeseite):

- Der E-Mail-Text **A** selbst wird fehlerfrei angezeigt und gibt den eigentlichen Inhalt wieder.

Grafik erscheint als Verweis im Text

- Der in eckigen Klammern gesetzte Verweis **B** unterhalb des E-Mail-Textes **[cid:energiesparshop_640x100_v1.gif]** wird normalerweise durch die angehängte Grafikdatei mit dem Grafikformat **gif** ersetzt.Das wird an

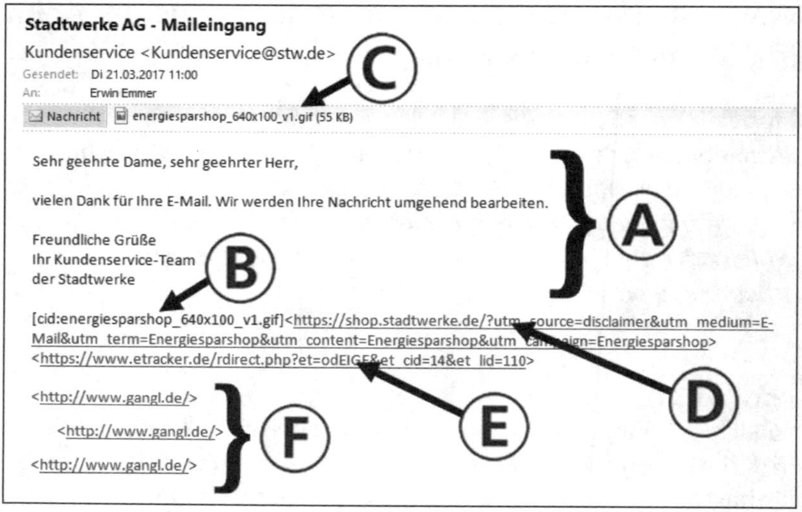

Trotz der sonderbaren Darstellung handelt es sich bei der E-Mail um keine Spam-Nachricht.

dem Dateinamen des Anhangs Ⓒ deutlich, der sich in den eckigen Klammern widerspiegelt.

Link zur Internetseite des Versenders

- Der eckigen Klammer folgt in spitzen Klammern die lange Internetadresse des Absenders **<https://shop.stadtwerke.de/?utm_source=disclaimer&utm_medium=E-Mail&utm_term=Energiesparshop&utm_content=Energiesparshop&utm_campaign=Energiesparshop>** Ⓓ. Sie ist normalerweise mit der Grafik verbunden. Ein Klick mit der **linken** Maustaste auf die Grafik würde bei korrekter Darstellung zu der dort aufgeführten Adresse führen.

Internetadresse zur Marktforschung

- Weiter geht es mit der Internetadresse **https://www.etracker.de/rdirect.php?et=odEIGE&et_cid=14&et_lid=110** Ⓔ, die ebenfalls der Grafik zugewiesen wäre. Sie wird vom Absender zur Marktforschung genutzt und beim Öffnen der E-Mail aufgerufen. So kann der Absender erkennen, wie viele seiner versandten Nachrichten geöffnet wurden.

Hinweis auf Hilfsprogramme

- Zum Schluss folgen noch drei weitere Internetadressen **F** vermutlich als Hinweis darauf, mit welchen Hilfsprogrammen die E-Mail erzeugt wurde.

Wäre die E-Mail korrekt verschickt worden, wäre sie bei Ihnen wie in folgender Abbildung dargestellt im Posteingang gelandet:

Stadtwerke AG - Maileingang
Kundenservice <Kundenservice@stw.de>
Gesendet: Di 21.03.2017 11:00
An: Erwin Emmer
Nachricht

Sehr geehrte Dame, sehr geehrter Herr,

vielen Dank für Ihre E-Mail. Wir werden Ihre Nachricht umgehend bearbeiten.

Freundliche Grüße
Ihr Kundenservice-Team
der Stadtwerke

So erscheint die gleiche E-Mail, wenn die Übertragung fehlerfrei funktioniert.

Prüfung ist schnell möglich

Resümee: Wenn Sie eine solche E-Mail erhalten, prüfen Sie wie gewohnt zunächst den Absender und den Betreff. Im Anschluss nutzen Sie die hier erläuterten Tipps, mit denen Sie schnell prüfen können, ob die E-Mail echt ist.

Im Wiederholungsfall Kontakt aufnehmen

Taucht eine solche E-Mail ab und zu in Ihrem Postfach auf, ist das nicht weiter schlimm. Erhalten Sie aber von einem Absender regelmäßig derart falsch angezeigte E-Mails, sollten Sie mit ihm Kontakt aufnehmen und auf das Problem hinweisen. ❖

Was bedeutet beim E-Mail-Versand „Bcc"?

3 Empfängerfelder zur Auswahl

Frage: *Wenn ich eine E-Mail schreibe, bietet mir mein E-Mail-Programm gleich drei Textfelder zur Eingabe der Empfänger-E-Mail-Adresse an:* ***An****,* ***Cc*** *und* ***Bcc****. Bislang habe ich immer alle Empfänger im An-Feld eingetragen. Für was sind die beiden anderen Textfelder gedacht?*

Herr Mahler

Zur organisatorischen Unterteilung

Antwort: Die Unterteilung in **An**, **Cc** und **Bcc** ist rein organisatorischer Art, Ihre Nachricht wird an alle Empfänger gleichermaßen zugestellt. Hier eine Übersicht, wann Sie welches Feld nutzen sollten:

Direkt angesprochener Empfänger

An Tragen Sie hier die Empfänger ein, die Sie mit Ihrer E-Mail gezielt ansprechen möchten und von denen Sie beispielsweise eine Rückmeldung oder eine Aktion erwarten. Jede E-Mail muss mindestens einen **An**-Empfänger enthalten, sonst ist kein E-Mail-Versand möglich.

Nur zur Info

Cc In das **Cc**-Feld tragen Sie die Empfänger ein, die Sie über den Inhalt der E-Mail informieren möchten, von denen Sie aber keine Rückmeldung oder Aktion erwarten. **Cc** steht für das englische Wort „**C**arbon **C**opy" (sprich *Karbon Kopie*) und bedeutet übersetzt etwa „Durchschrift". Die **Cc**-Empfänger erhalten die E-Mail also nur zur Kenntnisnahme. Dass der Empfänger auf **Cc** steht, erkennt er nach dem Öffnen der E-Mail beim Blick in den Absenderbereich der Nachricht – der Empfänger muss seinen Status selbst nachschlagen.

Empfänger ist für die anderen unsichtbar

Bcc Ein **Bcc**-Empfänger erhält die Nachricht „verdeckt". Im Gegensatz zu **An**- und **Cc**-Empfängern, deren E-Mail-Adresse bei allen sichtbar ist, werden **Bcc**-Empfänger nicht aufgeführt. Das „B" bei **Bcc** bedeutet „Blind" – also unsichtbar. Die Bcc-Technik kommt dann zum Einsatz, wenn Sie Dritte über die E-Mail informieren möchten, ohne dass es die AN- oder Cc-Empfänger wissen sollten. Dass der Empfänger auf **Bcc** steht, erkennt er nach dem Öffnen der E-Mail beim Blick in den Absenderbereich der Nachricht, in dem er nicht sichtbar aufgeführt ist.

Mit den unterschiedlichen Empfänger-Feldern teilen Sie den Empfängern gezielt mit, in welchem Bezug sie zu der Nachricht stehen und welche Reaktion Sie erwarten. ❖

Wo kann ich bei GMX meine alternative E-Mail-Adresse anpassen?

Persönliche Einstellungen ändern

Frage: *Wenn bei GMX mein Passwort nicht mehr funktioniert, kann ich es mithilfe einer alternativen E-Mail-Adresse oder einer SMS an mein Handy zurücksetzen.*

Wo kann ich die entsprechenden Daten prüfen bzw. bei Bedarf hinterlegen, sodass sie für den Fall der Fälle zur Verfügung stehen und ich darüber wieder auf meine E-Mails zugreifen kann?

Frau Brückner

Alternative E-Mail-Adresse und Handy-Nummer hinterlegen

Antwort: Fehlt Ihnen Ihr Passwort beim E-Mail-Anbieter GMX, kann es mit wenig Aufwand wieder hergestellt werden. Voraussetzung ist, dass der E-Mail-Anbieter Sie unter einer anderen E-Mail-Adresse oder per SMS auf Ihr Handy erreichen und Ihnen einen sogenannten Freischaltcode zum Zurücksetzen des Passworts zusenden kann.

Sofort prüfen!

Deshalb ist es wichtig, dass Sie diese beiden Informationen in den persönlichen Daten bei Ihrem Anbieter hinterlegt haben. Prüfen Sie die Einstellungen deshalb möglichst noch heute, um bei Bedarf gewappnet zu sein.

Bei GMX anmelden

Zur Kontrolle und Ergänzung Ihrer persönlichen Daten melden Sie sich auf der Internetseite von GMX mit Ihrer E-Mail-Adresse und Ihrem Passwort an. Anschließend wechseln Sie in den Bereich **Mein Account** und prüfen die relevanten Einstellungen.

Und so gehen Sie Schritt für Schritt vor:

1. Starten Sie Ihren Browser, und tragen Sie in der Adressleiste die Internetadresse **www.gmx.de** ein. Wenn Sie die Adresse mit der Eingabe-Taste [↵] bestätigen, wird die Startseite von GMX geladen.

GMX-Internetseite aufrufen

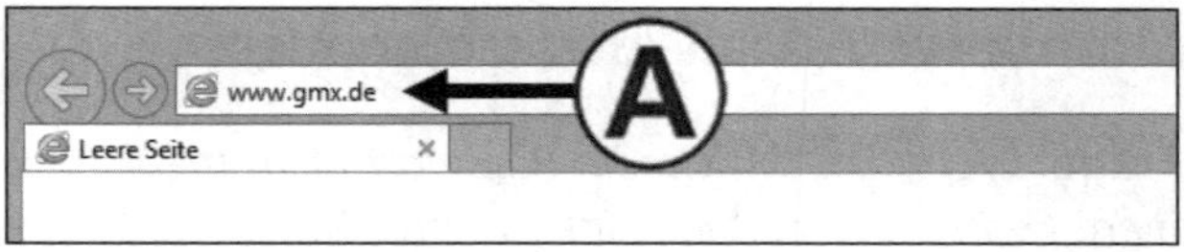

2. Tragen Sie im Textfeld **E-Mail-Adresse** Ⓑ Ihre GMX-E-Mail-Adresse ein. Rechts daneben folgt bei **Passwort** Ⓑ das aktuelle Passwort. Klicken Sie dann auf **Login** Ⓒ, um sich anzumelden.

E-Mail-Adresse und Passwort eingeben

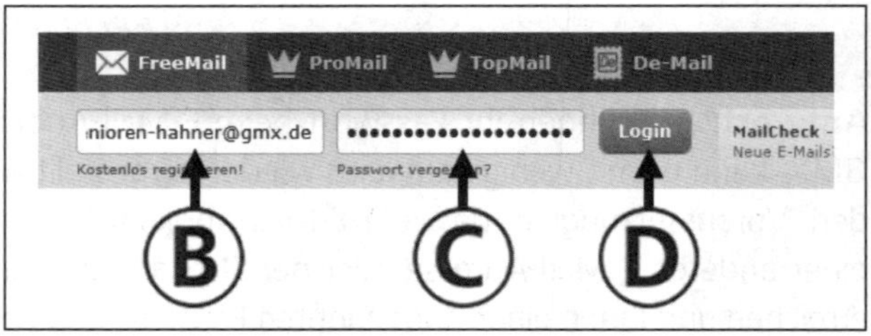

Zu Mein Account wechseln

3. Sie werden zu Ihrem E-Mail-Postfach weitergeleitet. Blättern Sie auf der angezeigten Internetseite ganz nach unten, bis links in der Menüleiste der Eintrag **Mein Account** angezeigt wird. Klicken Sie mit der **linken** Maustaste auf den Befehl.

4. Nachdem die Internetseite erneut gewechselt hat, klicken Sie auf die Kachel mit dem Text **SICHERHEIT** **E**.

Kachel SICHERHEIT ist zuständig

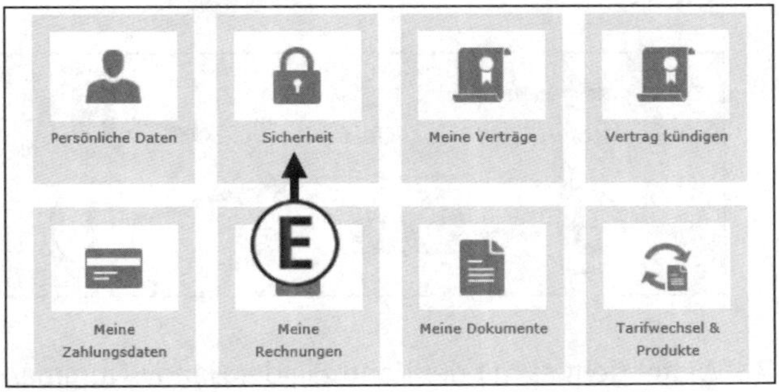

5. Die Internetseite wechselt erneut. Prüfen Sie hier den Eintrag **E-MAIL-KONTAKTADRESSE** **F**. Wenn die korrekte Alternativ-E-Mail-Adresse angezeigt wird, fahren Sie mit Schritt 7 fort. Hinweis: Damit niemand die Daten beim Zuschauen ausspionieren kann, bekommen Sie zur Sicherheit nur den ersten Buchstaben sowie alles nach dem @-Zeichen angezeigt.

E-Mail-Kontaktadresse prüfen

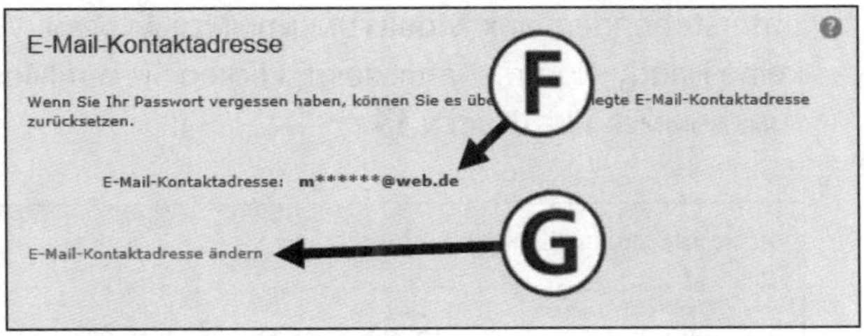

Die alternative E-Mail-Adresse muss von einem anderen Anbieter stammen!

Ist die E-Mail-Adresse falsch, klicken Sie auf den darunterstehenden Link **E-MAIL-KONTAKTADRESSE ÄNDERN** **G**. Wird keine E-Mail-Adresse angezeigt, klicken Sie auf **E-MAIL-KONTAKTADRESSE HINZUFÜGEN**.

6. Die Internetseite wechselt erneut, und Sie tragen zuerst die alternative E-Mail-Adresse im Textfeld **NEUE E-MAIL-**

Anzeige wechselt

Kontaktadresse (H) ein. Danach geben Sie bei **Passwort** (I) das aktuelle Anmeldepasswort ein und bestätigen Ihre Eingabe mit einem Klick auf **Speichern** (J).

Bestätigen Sie die alternative E-Mail-Adresse mit dem Passwort

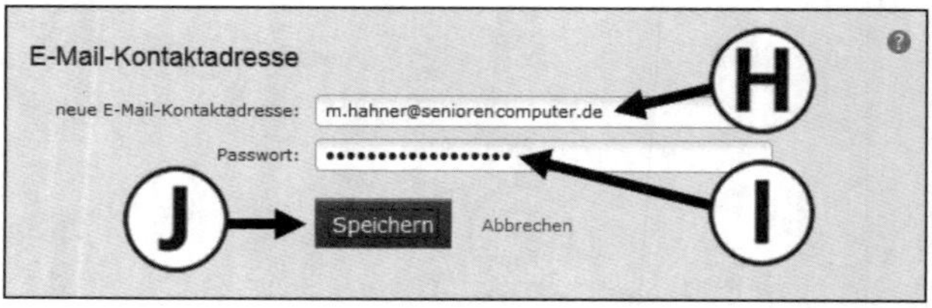

Mobilfunknummer prüfen

7. Weiter geht es mit der Kontrolle der Handy-Nummer. Sie kann alternativ zur E-Mail-Adresse zur Wiederherstellung eines verlorenen Passworts eingesetzt werden. Prüfen Sie den Eintrag bei **Sicherheits-Mobilfunknummer**. Wenn die korrekte Handy-Nummer angezeigt wird, fahren Sie mit Schritt 9 fort. Hinweis: Damit niemand die Daten beim Zuschauen ausspionieren kann, bekommen Sie zur Sicherheit nur die ersten und letzten drei Ziffern angezeigt.

   Ist die Handy-Nummer falsch, klicken Sie auf den darunterstehenden Link **Mobilfunknummer ändern**. Wird keine Handy-Nummer angezeigt, klicken Sie auf **Mobilfunknummer hinzufügen** (K).

Falls die Nummer fehlt, sofort hinzufügen!

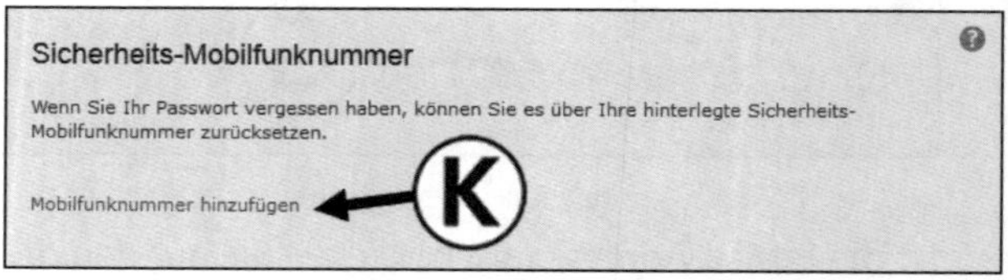

8. Der Inhalt der Internetseite wechselt, und Sie tragen zuerst Ihre Handy-Nummer im Textfeld **neue Mobilfunknummer** (L) ein. Anschließend geben Sie bei **Passwort** (M) das aktuelle Anmeldepasswort ein und betätigen es mit einem Klick auf **Speichern** (N).

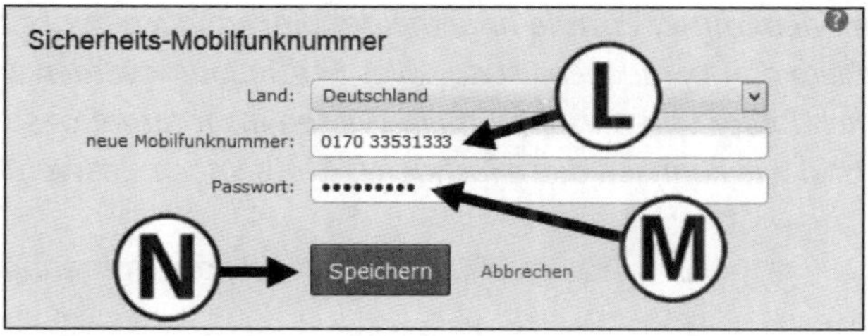

Handy-Nummer eintragen und mit dem Passwort bestätigen

9. Jetzt haben Sie sowohl die alternative E-Mail-Adresse als auch die Handy-Nummer geprüft und bei Bedarf geändert.

E-Mail mit Statusinformationen

Sofern Sie Daten geändert haben, erhalten Sie von GMX eine E-Mail zugesandt, in der die Änderungen nochmals dokumentiert sind.

Bei GMX abmelden

10. Verlassen Sie den Kundenbereich von GMX mit einem Klick auf die Schaltfläche **LOGOUT** **O** rechts oben. Schließen Sie den Browser.

Passwort-Zurücksetzen ist jetzt problemlos möglich

Dank der alternativen E-Mail-Adresse und dem SMS-Versand kommen Sie auch an Ihre E-Mails, wenn Ihnen das Passwort abhanden gekommen ist und Sie Ihr Kennwort zurücksetzen müssen. ❖

Wie stelle ich die lästigen Kontaktanfragen ab?

Lassen Sie sich nicht irritieren

Frage: *In letzter Zeit erhalte ich ständig E-Mails von unbekannten Kontaktbörsen. Jugendliche schreiben mir, es seien Profilbilder von mir markiert worden. Ich soll als Freund hinzugefügt, kommentiert oder verlinkt worden sein. Da ich in* *keinem dieser Portale angemeldet bin, kann ich mir keinen Reim darauf machen. Ist das alles Betrug, oder wurden wirklich Bilder von mir ohne mein Wissen ins Internet gestellt? Und wie kann ich diese lästigen E-Mails wieder loswerden?*

Frau Bohrenbaum

In der Regel: Werbung

Antwort: Solche E-Mails sind meist Werbung. Es gibt weder die Profilbilder von Ihnen noch die angeblichen Freunde und Reaktionen. Es kann allerdings auch sein, dass ein gefälschtes Profil angelegt wurde, um Ihnen zu schaden (Internet-Mobbing) oder unter Ihrem Namen als Tarnmantel zu agieren.

Check: Missbraucht jemand Ihren Namen oder mobbt er Sie?

Eigenen Namen in die Google-Bildersuche eingeben

Überprüfen Sie über die Google-Bildersuche, ob zu Ihrem Namen Bilder auftauchen, die Sie nicht ins Internet gestellt haben. Geben Sie **www.google.de** ein, und klicken Sie rechts oben auf **BILDER**.

Anschließend geben Sie im Eingabefeld Ihren Namen ein und drücken die Taste [↵]. Werden Sie fündig, können Sie den Betreiber zum Löschen der Fotos und – soweit vorhanden – des betreffenden Kontos auffordern.

Schluss mit unerwünschter Werbung: So werden Sie diese Werbung im Nu wieder los

E-Mail-Adresse vor Spam schützen

Sie haben wirksame Mittel, um sich gegen unerwünschte Werbung zu wehren:

1. Klicken Sie in einer solchen Mail auf keinen Link und löschen Sie diese sofort ungeöffnet. Dann hört die Werbeflut meist nach einiger Zeit auf.

E-Mail in den Spam-Ordner verschieben

2. Markieren Sie den Absender beziehungsweise die E-Mail als Spam. Somit werden alle E-Mails dieses Absenders automatisch in den Papierkorb oder einen speziellen Spam-Ordner verschoben.

Gewusst, wie: 3 Maßnahmen schützen Sie vor unerwünschter Werbung

3-Regeln-Katalog für Ihren Schutz

Sie können unerwünschte Werbung nie ganz verhindern, die Gefahr wird jedoch geringer, wenn Sie folgende Vorsichtsmaßnahmen ergreifen:

1. Geben Sie Ihre E-Mail-Adresse nur engsten Freunden und Bekannten.

2. Melden Sie sich nicht bei Internet-Gewinnspielen an, denn die Betreiber geben Ihre Adresse an Sponsoren weiter. Dazu können auch solche Kontaktbörsen gehören.

3. Warnen Sie Ihre Freunde und Bekannten sofort, wenn Sie von diesen unerklärliche Werbe-Mails erhalten. Deren Konto wurde womöglich gehackt, oder sie haben ein Schadprogramm auf dem PC. Ihre Freunde sollten dann die Sicherheitslücke suchen und abstellen, damit Sie nicht weiter belästigt werden und Ihre E-Mail-Adresse in den Kontakten Ihres Freundes nicht missbraucht wird.

Tipp: Wechseln Sie Ihre E-Mail-Adresse, wenn dort zu viel Werbe-Mails ankommen. Ich habe gute Erfahrung mit deutschen Anbietern wie **Web.de** oder **Telekom** gemacht. Nutzen Sie die kostenlose Adresse eines amerikanischen E-Mail-Anbieters, ist das Werbeaufkommen deutlich höher. ❖

Wie kann ich E-Mails im Posteingang als „ungelesen" markieren?

Status nachträglich ändern

Frage: *Im Posteingang meines E-Mail-Programms klicke ich nur die E-Mails an, die ich auch tatsächlich sofort bearbeite. So kann ich unbearbeitete E-Mails, die in Fettschrift angezeigt werden* **A***, immer sofort von bearbeiteten E-Mails in normaler Schrift* **B** *unterscheiden.*

Aber manchmal kann ich eine geöffnete E-Mail doch nicht sofort bearbeiten. Ich schließe Sie dann wieder – jetzt wird sie nicht mehr in Fettschrift angezeigt.

Ich würde sie gerne wieder als „ungelesen" kennzeichnen. Ist so etwas möglich?

Frau Steffens

Im Posteingang sind ungeöffnete E-Mails in Fettschrift formatiert

Antwort: E-Mails lassen sich bei allen gängigen E-Mail-Programmen mit zwei, drei Mausklicks nachträglich als ungelesen markieren.

Und so geht's:

So geht's in Outlook

- **Outlook 2016, 2013, 2010 und 2007:** Klicken Sie die gewünschte E-Mail mit der **rechten** Maustaste an. Im angezeigten Kontextmenü wählen Sie den Befehl **Als**

UNGELESEN MARKIEREN **C**. Das Kontextmenü wird geschlossen und die markierte E-Mail im Posteingang wieder in Fettschrift angezeigt.

Mit diesem Befehl wird die E-Mail als ungelesen angezeigt

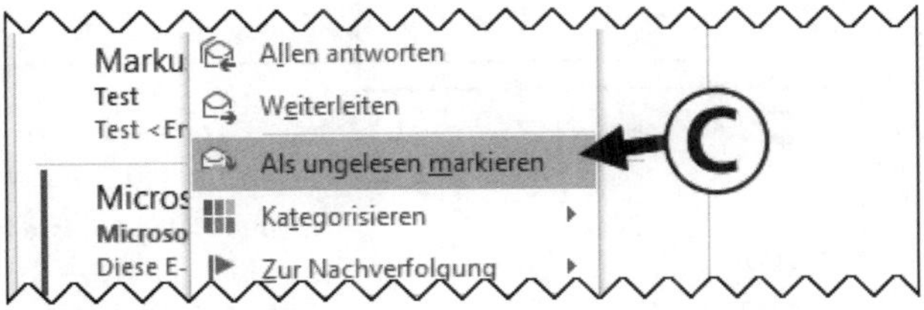

In Thunderbird ändern

- **Thunderbird, aktuelle Version 52:** Klicken Sie die gewünschte E-Mail mit der **rechten** Maustaste an. Im jetzt angezeigten Kontextmenü wählen Sie den Befehl **MARKIEREN** und dann **UNGELESEN**. Das Kontextmenü wird geschlossen und die markierte E-Mail im Posteingang wieder in Fettschrift angezeigt.

Im Browser ändern

- **GMX.DE/WEB.DE:** Klicken Sie das Kontrollkästchen **D** vor der gewünschten E-Mail an. Anschließend klicken Sie in der Titelleiste oberhalb der E-Mail-Liste links auf den kleinen Dropdown-Pfeil **E**. Es klappt ein Menü auf, in dem Sie in der unteren Rubrik bei **MARKIEREN ALS:** den Befehl **UNGELESEN** **F** anklicken. Das Menü wird geschlossen, der Haken vor der E-Mail entfernt und die E-Mail als ungelesen markiert.

Die markierten E-Mails werden als ungelesen markiert

Anleitung für Googlemail

- **Googlemail.de:** Klicken Sie die gewünschte E-Mail mit der **rechten** Maustaste an Ⓖ. Es klappt ein Kontextmenü auf, in dem Sie mit der **linken** Maustaste den Befehl **Als ungelesen markieren** Ⓗ anklicken.

Bei Googlemail erfolgt das Markieren als „ungelesen" im Kontextmenü

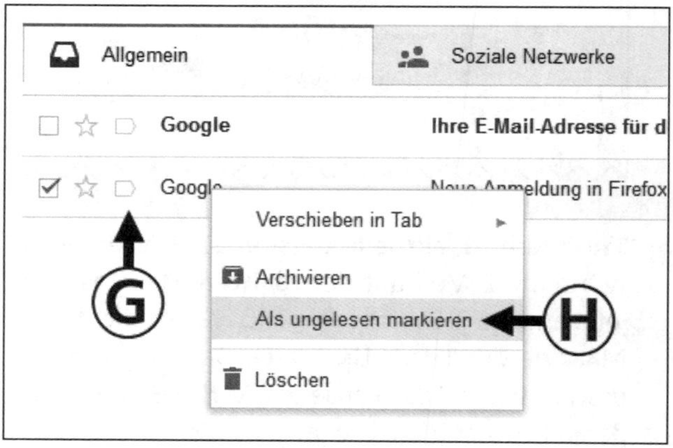

Das Menü wird geschlossen, der Haken vor der E-Mail entfernt und die E-Mail als ungelesen markiert. ❖

Weshalb meldet Thunderbird keine Rechtschreibfehler?

Rechtschreibprüfung ist aktiv

Frage: *Obwohl ich in den Thunderbird-Einstellungen das Kontrollkästchen* ***Sofort-Rechtschreibprüfung aktivieren*** *eingeschaltet habe, zeigt Thunderbird beim Schreiben von E-Mails keine Rechtschreibfehler an. Was muss ich tun, damit Fehler mit der roten Wellenlinie hervorgehoben werden?*

Herr Buhtz

Ursache: Fehlende Wörterbücher

Antwort: Zusätzlich zum eingeschalteten Kontrollkästchen **Sofort-Rechtschreibprüfung aktivieren** muss auch ein Wörterbuch installiert sein – was bei Thunderbird standardmäßig leider nicht der Fall ist.

Das lässt sich aber mit wenigen Schritten schnell nachholen:

1. Starten Sie Thunderbird, und rufen Sie das Menü **Extras**, Befehl **Einstellungen** auf. Daraufhin öffnet sich das Dialogfeld **Einstellungen**. Klicken Sie in der Symbolleiste am oberen Rand auf **Verfassen** Ⓐ. Darunter wählen Sie die Registerkarte **Rechtschreibung** Ⓑ per Klick auf den Registerkartennamen aus.

   Hinweis: Wird bei Ihnen die Menüzeile mit dem Menü **Extras** nicht angezeigt, drücken Sie die Taste `Alt`.

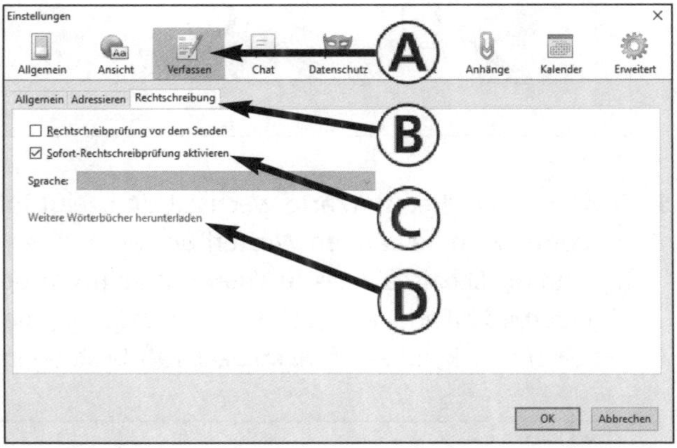

Erst wenn ein Wörterbuch installiert ist, funktioniert auch die Rechtschreibprüfung

2. Stellen Sie nochmals sicher, dass das Kontrollkästchen **Sofort-Rechtschreibprüfung aktivieren** Ⓒ eingeschaltet ist. Klicken Sie anschließend auf den Befehl **Weitere Wörterbücher herunterladen** Ⓓ.

3. Thunderbird öffnet daraufhin neben Ihrem Posteingangsregister eine neue Registerkarte **Wörterbücher & Sprachpakete** mit Add-Ons Ⓔ (siehe oberes Bild auf Seite 106). Damit Sie die dort angebotenen Wörterbücher und Sprachpakete nutzen können, schließen Sie zuerst das **Einstellungen**-Dialogfeld per Klick auf **OK**.

Add-Ons-Registerkarte mit Sprachpaketen erscheint

4. Suchen Sie jetzt nach einem deutschen Wörterbuch, indem Sie in der Liste nach unten blättern. Klicken Sie bei **German (Germany)** **F** rechts beim ersten Eintrag auf den Befehl **Wörterbuch herunterladen** **G**.

Thunderbird bietet Ihnen Wörterbücher für die unterschiedlichsten Sprachen

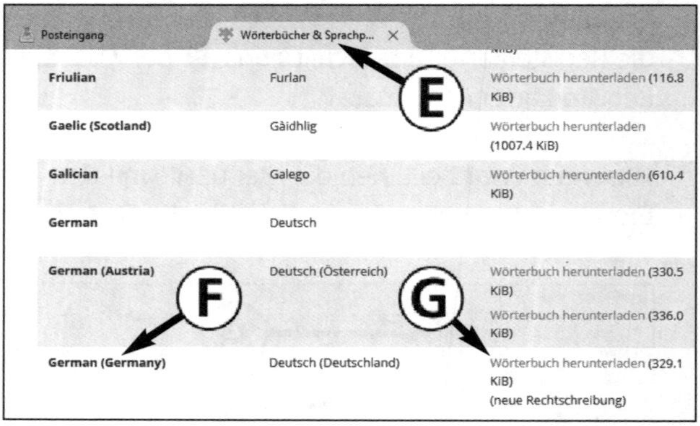

5. Der Inhalt der Registerkarte wechselt und zeigt Informationen zum gewählten Wörterbuch an. Klicken Sie hier auf die Schaltfläche **+ zu Thunderbird hinzufügen**. Thunderbird blendet eine Sicherheitsabfrage ein, die Sie mit einem Klick auf **Jetzt installieren** **H** bestätigen

Nur wenn in der Sicherheitsabfrage das soeben aufgeführte Wörterbuch aufgeführt wird, fahren Sie mit der Installation fort – andernfalls klicken Sie auf Abbrechen

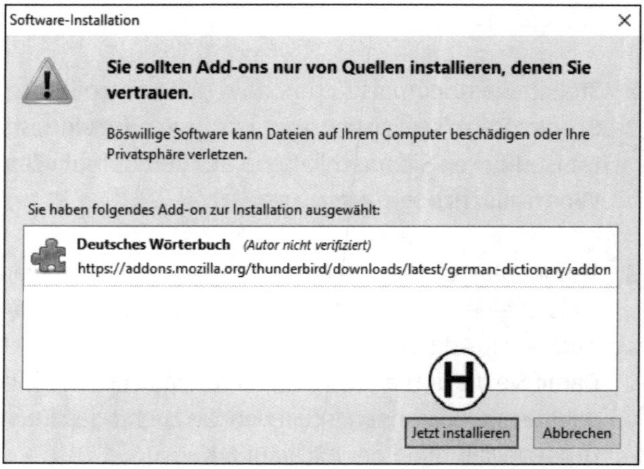

6. Das Wörterbuch wird installiert, und Sie landen wieder auf der Add-Ons-Registerkarte. Schließen Sie die Registerkarte mit der Tastenkombination `Strg`+`W`.

Installation kontrollieren

7. Rufen Sie zur Kontrolle erneut das Menü **EXTRAS**, Befehl **EINSTELLUNGEN** auf. Es öffnet sich das Dialogfeld **EINSTELLUNGEN**, in dem Sie in der Symbolleiste am oberen Rand auf **VERFASSEN** klicken. Öffnen Sie erneut die Registerkarte **RECHTSCHREIBUNG**. Im Dropdown-Listenfeld **SPRACHE** ist nun die Sprache **DEUTSCH/ DEUTSCHLAND** (I) als Hinweis für das soeben installierte Wörterbuch hinterlegt.

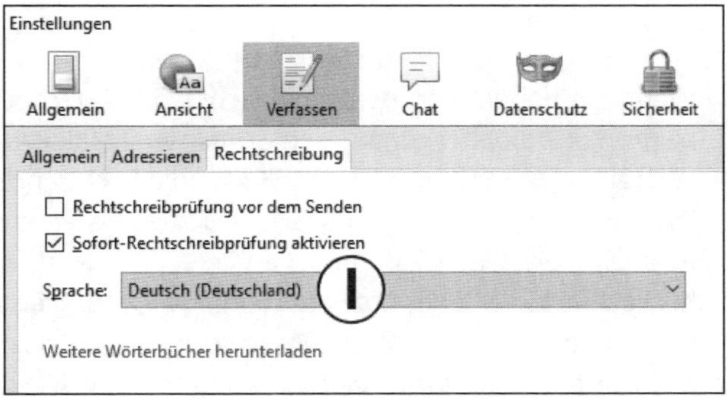

Alle installierten Wörterbücher werden im Dropdown-Listenfeld SPRACHE aufgeführt

8. Schließen Sie das Dialogfeld mit **OK**.

Wenn Sie ab sofort eine E-Mail schreiben, prüft Thunderbird Ihren eingegebenen Text auf korrekte Rechtschreibung und kennzeichnet falsch geschriebene Wörter mit einer roten Wellenlinie (J) (siehe Abbildung auf Seite 108).

Klicken Sie ein so markiertes Wort mit der **rechten** Maustaste an, bekommen Sie im Kontextmenü Korrekturvorschläge angezeigt. Per Klick mit der **linken** Maustaste auf den Korrekturvorschlag (K) wird das falsch geschriebene Wort durch die korrekte Schreibweise ersetzt.

Die korrekte Schreibweise können Sie leicht über das Kontextmenü abrufen

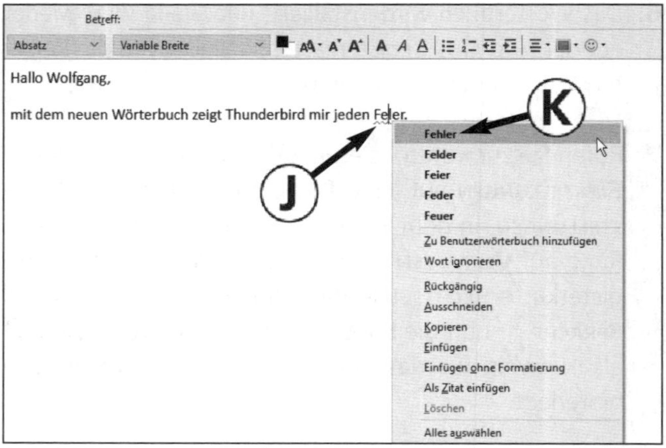

Funktioniert auch für mehrere Sprachen

Wenn Sie neben dem deutschsprachigen Wörterbuch auch Wörterbücher in anderen Sprachen installieren, können Sie beim Schreiben einer E-Mail die Rechtschreibung in der Sprache Ihres jeweiligen Textes festlegen.

Klicken Sie hierzu im E-Mail-Fenster in der Symbolleiste rechts neben der Schaltfläche **Rechtschr.** auf das kleine nach unten zeigende Dreieck. Daraufhin klappt eine Übersicht mit allen installierten Sprachen auf. Sobald Sie eine Sprache mit der **linken** Maustaste angeklickt haben, klappt das Menü wieder zu – und Ihr Text wird in der gewählten Sprache geprüft. ❖

Warum werden die in E-Mails enthaltenen Bilder nicht automatisch angezeigt?

Bilder fehlen in der E-Mail?

Frage: *Wenn ich in meinem E-Mail-Programm „Thunderbird“ eine E-Mail öffne, erscheint die Nachricht oft wie ein Flickenteppich. Anstelle von Bildern sind nur große Platzhalter zu sehen, die E-Mail ist kaum zu lesen. Erst wenn ich* *das Laden der Bilder manuell zulasse, wird alles korrekt angezeigt.*

Warum verhält sich Thunderbird so sonderbar – und wieso muss ich erst manuell eingreifen? Kann Thunderbird mir nicht gleich alles auf einmal anzeigen? Und warum ist das Verhalten nicht bei allen empfangenen E-Mails gleich?

Herr Franz

Platzhalter statt Bilder sorgen für erhöhte Sicherheit

Antwort: Thunderbird schützt Sie mit diesem Verhalten – das tun übrigens alle zuverlässigen E-Mail-Programme wie auch Outlook. Und das ist auch der Grund für dieses auf den ersten Blick etwas sonderbare Verhalten.

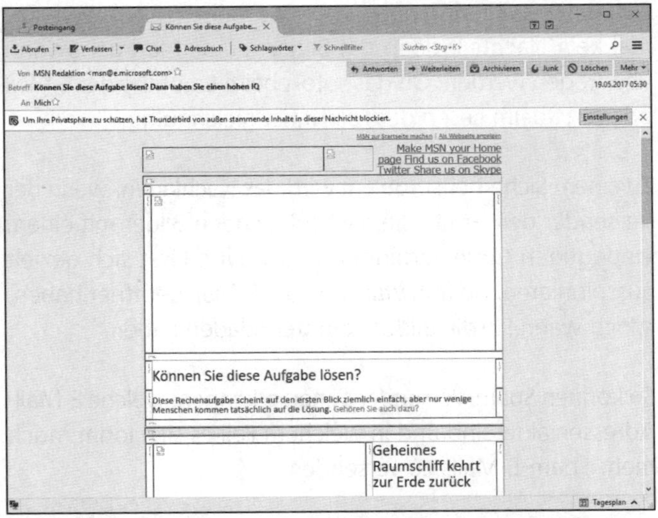

E-Mail-Programme zeigen integrierte Bilder häufig erst auf ausdrücklichen Wunsch an.

Bilder werden nicht mitgeschickt

Wenn Sie eine Werbe-E-Mail oder einen Newsletter erhalten, sind in der E-Mail die Bilder nicht direkt enthalten, sondern nur Links zu den jeweiligen Bildern. Die Bilder selbst liegen abrufbereit auf dem Internet-Server des Versenders.

Bild wird nachgeladen

Wenn Sie eine E-Mail mit einem Bild-Link öffnen, wird das von Thunderbird erkannt und anstelle des Bildes nur ein Platzhalter angezeigt. Erst wenn Sie in der gelben Meldezeile rechts auf die Schaltfläche **EINSTELLUNGEN** klicken und den Befehl **EXTERNE INHALTE IN DIESER NACHRICHT ANZEIGEN** wählen, werden die Bilder auf Ihren PC übertragen.

E-Mail-Versand benötigt weniger Übertragungsvolumen

Die Vorgehensweise hat für den E-Mail-Versender den Vorteil, dass er die Bilder nicht bei jeder E-Mail mitsenden muss. Das reduziert das Übertragungsvolumen und sorgt dafür, dass die E-Mails schneller übertragen werden. Außerdem werden die Bilder nur von den Empfängern abgeholt, die die E-Mail auch tatsächlich lesen.

Für die E-Mail-Empfänger ist die Vorgehensweise erst einmal kein Nachteil, denn die Bilder müssen ja irgendwann übertragen werden. Ob das sofort beim Empfang der E-Mail oder erst beim Lesen der Fall ist, ist gleichgültig.

Bilder können mit einem Code verbunden sein

Zu einem Sicherheitsproblem wird das Nachladen, wenn der Versender der E-Mail die nachzuladenden Bilder mit einem eindeutigen Code verbindet. Denn dann lässt sich gezielt ausspionieren, ob und wann Sie die E-Mail geöffnet haben, sprich wann Sie die Bilder heruntergeladen haben.

So können Spam-Versender genau erkennen, welche E-Mail-Adressen aktiv sind und in welchem Fall es sich lohnt, noch mehr Spam-E-Mails zu versenden.

Nur nachladen, wenn tatsächlich benötigt!

Resümee: Laden Sie Bilder grundsätzlich nur dann nach, wenn Sie auch wirklich an dem Inhalt der E-Mail interessiert sind, beispielsweise bei den Newslettern von Computerwissen oder bei Ihren bevorzugten Online-Shops. Alle anderen E-Mails löschen Sie, bevor Sie die Bilder nachladen. So schützen Sie sich mit wenig Aufwand vor noch mehr Spam-Mails. ❖

Wie kann ich alle Bilder aus einer Outlook-E-Mail auf einmal speichern?

Einzeln speichern kostet viel Zeit

Frage: *In Outlook bekomme ich öfter E-Mails mit vielen Bildern. Die öffne ich jeweils einzeln per Doppelklick auf das entsprechende Bild-Symbol. Die Bilder sind dann in der Windows-Fotoanzeige zu sehen, und ich muss sie wiederum einzeln speichern. Kann ich nicht alle auf einmal im selben Ordner ablegen? Das würde mir viel Arbeit ersparen!*

Herr Engelniederhammer

Die Lösung liegt vor Ihnen

Antwort: Mehrere per E-Mail erhaltene Bilder auf einmal zu speichern, ist tatsächlich möglich. Outlook besitzt hierfür einen eigenen Befehl.

So gehen Sie vor:

1. Öffnen Sie in Outlook die E-Mail, in der sich die Anhänge befinden.

Bild-Symbol anklicken

2. **Outlook 2016, 2013 und 2010:** Klicken Sie einen der Bildanhänge mit der **rechten** Maustaste an. Es öffnet sich ein Kontextmenü, in dem Sie den Befehl **ALLE ANLAGEN SPEICHERN** mit der **linken** Maustaste anklicken.

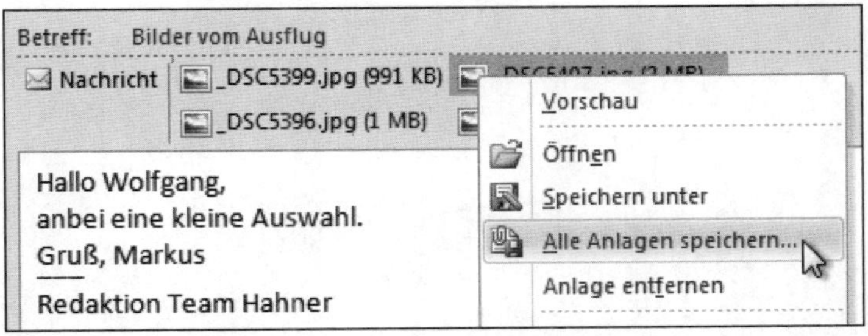

Das Kontextmenü öffnen Sie per Klick mit der ***rechten*** *Maustaste auf einen Bild-Anhang.*

So funktioniert's in Outlook 2007

Outlook 2007: Klicken Sie hier auf der Registerkarte **NACHRICHT** in der Gruppe **AKTIONEN** auf die Schaltfläche **ANDERE AKTIONEN**.

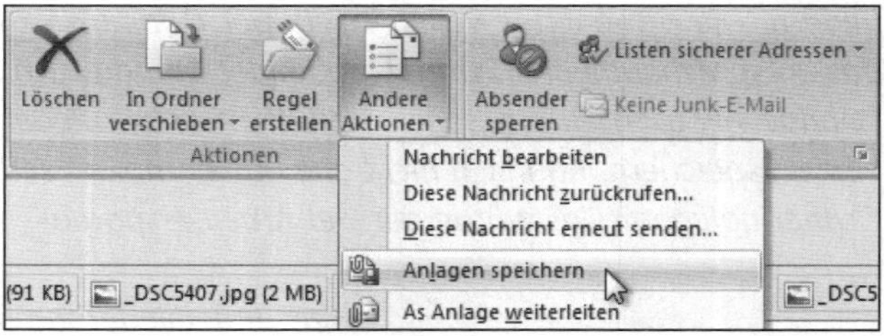

*Das Geheimnis verbirgt sich hinter dem Befehl **ANLAGEN SPEICHERN**.*

Wählen Sie im aufgeklappten Menü den Befehl **ANLAGEN SPEICHERN**. ❖

Gibt es einen Trick, mit dem ich den Mauszeiger auf meinem großen Bildschirm schneller finden kann?

Mauszeiger ist oft „unsichtbar"

Frage: *Für meinen PC habe ich mir vor Kurzem einen großen Bildschirm gekauft. Ich genieße es, jetzt endlich mehrere Programmfenster nebeneinander platzieren zu können. Doch eines ist sehr ärgerlich: Ich bin ständig auf der Suche nach dem Mauszeiger, der sich auf dem großen Bildschirm regelrecht „versteckt".*

Gibt es einen Trick, mit dem ich den Mauszeiger besser sichtbar machen kann?

Herr Zanker

Nutzen Sie den Trick zur Anzeige der Zeigerposition

Antwort: Um den Mauszeiger sofort zu finden, gibt es einen ganz einfachen Trick. Wenn Sie in den Mauszeigeroptionen der Windows-Systemsteuerung die Einstellung **ZEIGERPOSITION BEIM DRÜCKEN DER STRG-TASTE ANZEIGEN** einschalten, erscheinen beim Drücken der Taste [Strg] sich bewegende Kreise um den Mauszeiger herum. Diese Kreise fallen auch auf einem großen Bildschirm sofort auf und verraten somit die Position des Mauszeigers.

Und so schalten Sie die Funktion ein:

1. Drücken Sie die Tastenkombination [Win]–[R]. Es öffnet sich in der linken unteren Bildschirmecke das Dialogfeld **AUSFÜHREN**.

Kommando eintragen

2. Tragen Sie in dem Dialogfeld im Textfeld **ÖFFNEN:** Ⓐ das Kommando **CONTROL.EXE** ein,

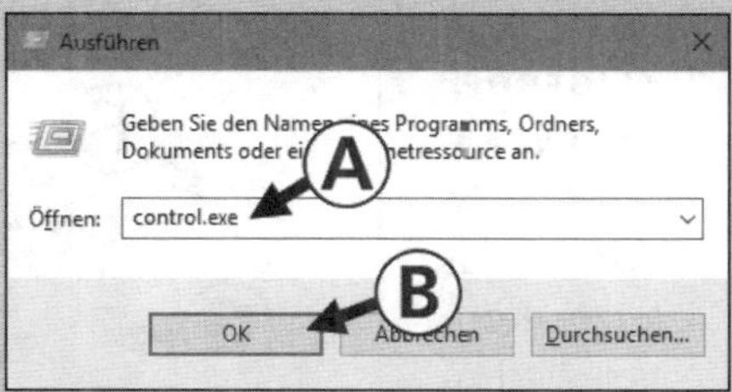

und überschreiben Sie dabei ein eventuell vorhandenes Kommando. Bestätigen Sie nun das Dialogfeld mit **OK** **B**.

3. Windows öffnet das Dialogfeld der Systemsteuerung. Wählen Sie hier rechts oben bei **ANZEIGE** die Auswahl **GROßE SYMBOLE** **C**. Klicken Sie in der Übersicht mit den vielen Symbolen mit der **linken** Maustaste auf den Eintrag **MAUS** **D**.

Die Mauseinstellungen befinden sich in der Systemsteuerung

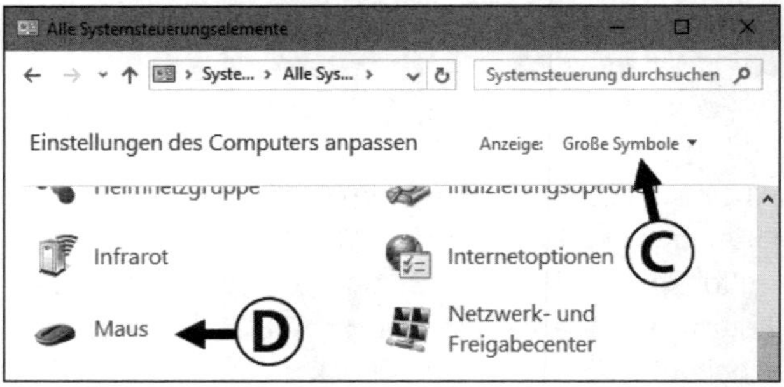

Registerkarte wechseln

4. Es erscheint das Dialogfeld **EIGENSCHAFTEN VON MAUS**. Hier wechseln Sie anschließend auf die Registerkarte **ZEIGEROPTIONEN** **E**. Schalten Sie dort das letzte Kontrollkästchen

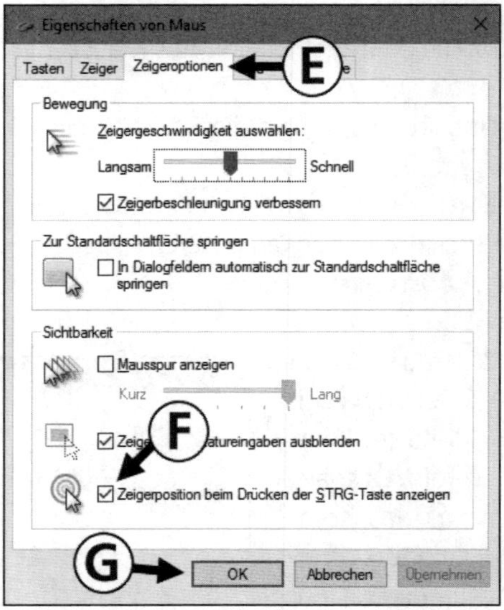

Zeigerposition beim Drücken der STRG-Taste anzeigen **F** ein.

5. Schließen Sie das Eigenschaften-Dialogfeld mit **OK** **G**. Anschließend schließen Sie auch das Dialogfeld der Systemsteuerung mit einem Klick auf das **Schließen**-Symbol **X**. Wenn Sie nach dieser Einstellung kurz die Taste `Strg` drücken, werden Sie durch die schon erwähnten Kreise auf die Position des Mauszeigers aufmerksam gemacht.

Position des Mauszeigers mit `Strg` *anzeigen*

Die Funktion können Sie jederzeit wieder deaktivieren, indem Sie in Schritt 4 den Haken aus dem Kontrollkästchen entnehmen. ❖

Weshalb werden die Zahlen auf meinem Ausdruck abgeschnitten?

Frage: *Auf der Internetseite* ***www.sudoku.soeinding.de*** *drucke ich mir regelmäßig Sudoku-Zahlenrätsel aus.*

Fehlerhafte Ausdrucke beim Mozilla Firefox?

Hierzu rufe ich mit Mozilla Firefox die Internetseite auf und klicke auf der Startseite den Link ***Sudoku zum Ausdrucken*** an. *Jetzt muss ich nur noch auf den Link* ***Tages-Archiv*** *und anschließend auf eines der unzähligen Zahlenrätsel klicken. Daraufhin werden die Sudoku-DIN-A4-Seiten sofort am Bildschirm angezeigt.*

Wenn ich jetzt oben rechts auf die ***Drucker****-Schaltfläche* **A** *klicke, kann ich die angezeigte Sudoku-Seite auf meinem Drucker ausgeben und auf Papier ausfüllen.*

Leider erscheinen der Text und die Zahlen auf dem Ausdruck am oberen Rand abgeschnitten **B**. *Ich habe bereits die Tintenpatronen gereinigt, aber das Problem tritt nach wie vor auf (siehe Abbildungen auf Seite 116).*

Der Ausdruck erfolgt über das DRUCKER*-Symbol* **A** *oben rechts*

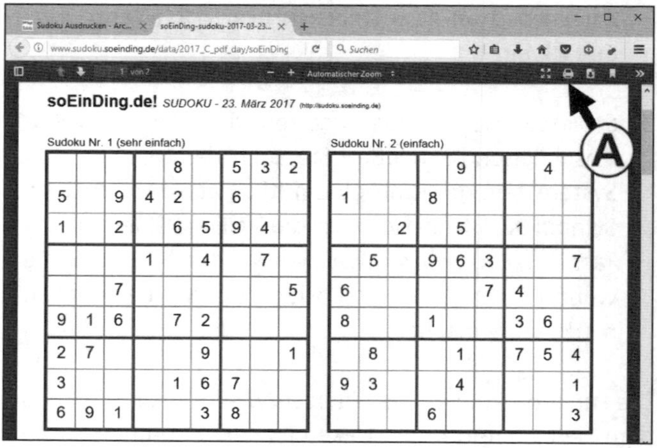

Der Text wird auf allen Druckern abgeschnitten und ist kein Problem eingetrockneter Tintenpatronen

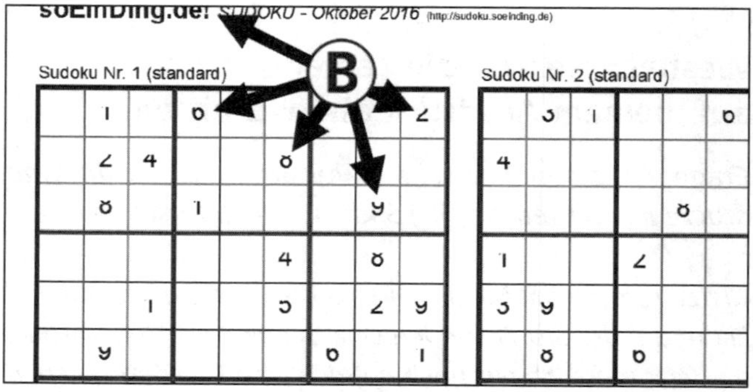

Können Sie mir weiterhelfen, damit ich künftig korrekte Ausdrucke erhalte?

Herr Engelniederhammer

Perfekte Darstellung am Bildschirm und auf dem Ausdruck

Antwort: Wie im Beispiel der Sudoku-Zahlenrätsel stehen auf Internetseiten die Informationen häufig in Form von PDF-Dateien zur Verfügung.

Das PDF-Format stellt sicher, dass die Informationen sowohl auf dem Bildschirm als auch auf dem Drucker in perfekter Form erscheinen.

Mit einem Klick auf den entsprechenden Link – im Beispiel auf das gewünschte Tagesrätsel – wird die PDF-Datei auf Ihren PC übertragen. Sie wird direkt von Mozilla Firefox verarbeitet und im Browser-Fenster angezeigt.

Mozilla-Firefox-eigene PDF-Anzeigefunktion ist fehlerhaft

Dabei nutzt Mozilla Firefox eine eigene PDF-Anzeigefunktion, die leider nicht mit allen PDF-Dokumenten kompatibel ist.

Das Problem besteht auch mit der aktuellen Mozilla-Firefox-Version 56.

Während die Anzeige auf dem Bildschirm meist noch korrekt erscheint, gibt es spätestens beim Drucken die von Ihnen beschriebenen Probleme.

Einfache Lösung

Um trotz des Fehlers von Mozilla Firefox korrekte Ausdrucke zu erhalten, gehen Sie künftig wie folgt vor:

1. Öffnen Sie zuerst wie gewohnt Ihr Sudoku-Zahlenrätsel oder eine andere PDF-Datei in Mozilla Firefox. Die PDF-Datei wird daraufhin seitenfüllend angezeigt.

Dialogfeld Öffnen mit starten

2. Klicken Sie in der Symbolleiste oben rechts neben dem **Drucker**-Symbol auf das **Blatt**-Symbol C. Es öffnet sich ein Dialogfeld, in dem Sie das Optionsfeld **Öffnen mit** auswählen D (siehe Abbildung auf Seite 118).

3. Wählen Sie **Adobe Acrobat DC (Standard)** oder das von Ihnen genutzte PDF-Anzeigeprogramm mit der **linken** Maustaste aus.

PDF-Anzeigeprogramm wählen

   Wenn rechts neben dem Optionsfeld nicht **Adobe Acrobat DC (Standard)** beziehungsweise ein von Ihnen genutztes alternatives PDF-Anzeigeprogramm wie der „Foxit Reader“ oder der „Nitro PDF Reader“ erscheint,

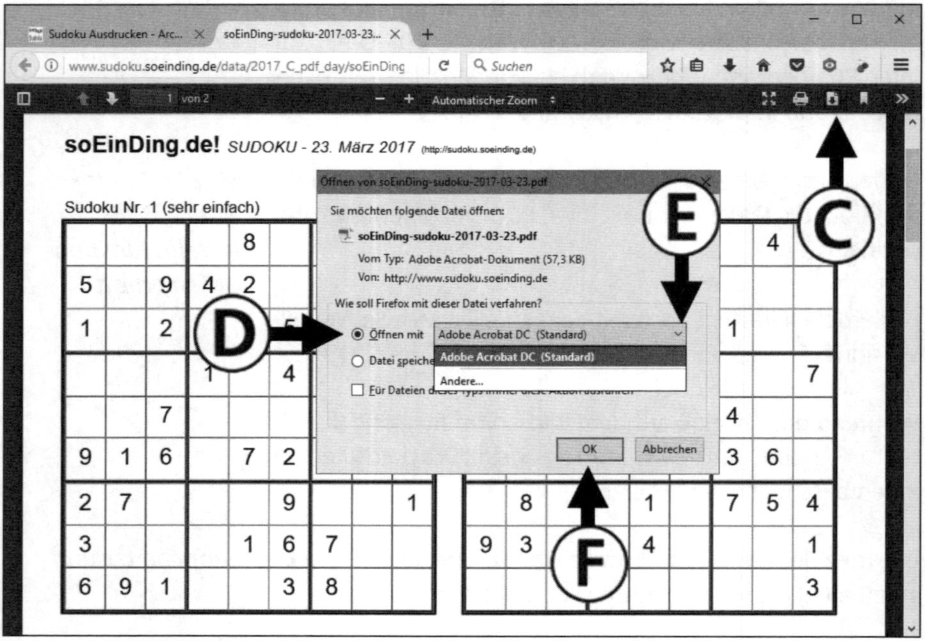

Die PDF-Datei nur öffnen, nicht drucken!

klicken Sie auf den Dropdown-Pfeil **E** und wählen anschließend in der aufgeklappten Übersicht Ihr PDF-Anzeigeprogramm aus.

PDF-Datei öffnen und drucken

4. Bestätigen Sie das Dialogfeld mit **OK** **F**. Die PDF-Datei wird zusätzlich zum Mozilla Firefox auch im Adobe Reader beziehungsweise in Ihrem gewählten PDF-Anzeigeprogramm geöffnet.

Hier können Sie über das Menü **DATEI** und den Befehl **DRUCKEN** den dann fehlerfreien Ausdruck starten.

Fertig! Schließen Sie den Adobe Reader beziehungsweise Ihr PDF-Anzeigeprogramm und fahren Sie mit dem Surfen im Internet fort. ❖

Wie erhalte ich ausführliche Informationen zur Hardware meines PCs?

Welche Grafikkarte ist eingebaut?

Frage: *Ein Freund hat mich gefragt, was für eine Grafikkarte in meinem PC im Einsatz ist, da er seinen PC aufrüsten möchte und sich jetzt gerade bei allen Bekannten informiert.*

Leider konnte ich in den PC-Unterlagen, die ich zusammen mit meinem PC erhalten habe, nichts finden. Wo kann ich diese Information ablesen, ohne dass ich den PC aufschrauben und innen nachschauen muss?

Herr Schlenker

Windows-eigenes Diagnoseprogramm gibt Auskunft

Antwort: Eine schnelle Übersicht über die wichtigsten Hardware-Bestandteile Ihres PCs liefert Ihnen das in Windows standardmäßig enthaltene, allerdings gut versteckte Programm **DXDiag.exe**.

So können Sie das Programm starten und nutzen:

1. Drücken Sie die Tastenkombination [Win]+[R]. Auf dem Bildschirm unten links erscheint daraufhin das Dialogfeld **Ausführen**. Ist in dem Dialogfeld im Textfeld **Öffnen** bereits Text enthalten, entfernen Sie den Text, sodass das Textfeld anschließend vollständig leer ist.

2. Tragen Sie dann im Textfeld **Öffnen** das Kommando **dxdiag** Ⓐ ein. Bestätigen Sie das Dialogfeld mit einem Klick auf **OK** Ⓑ.

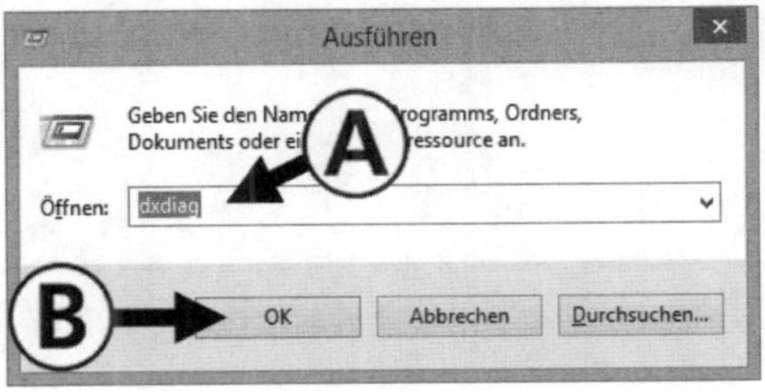

Das Dialogfeld Ausführen wird unten links angezeigt

Lassen Sie Windows zusätzliche Informationen zu Ihren Treibern ermitteln

3. Je nach Windows-Einstellung erscheint anschließend ein Dialogfeld mit der Frage zur Überprüfung der Treiber.

Bestätigen Sie daraufhin die Meldung mit einem Klick auf **Ja** C.

4. Es dauert je nach PC-Geschwindigkeit einen Augenblick, bis das Dialogfeld **DirectX-Diagnoseprogramm** eingeblendet wird. Das Dialogfeld besteht je nach PC-Ausstattung aus mehreren Registerkarten D, auf denen Sie ausführliche Informationen zu Ihrem PC finden.

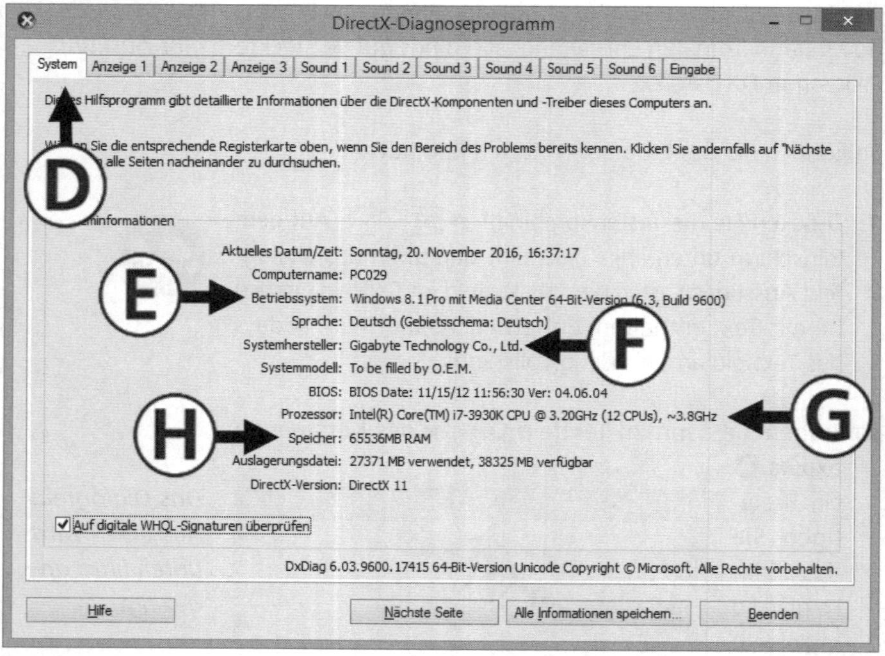

Allgemeine PC-Daten sind im DirectX-Diagnoseprogramm auf der Registerkarte ***System*** *zu finden.*

System-informationen nachschlagen

Registerkarte SYSTEM Ⓓ: Hier werden Informationen wie die installierte Windows-Version (= Eintrag **BETRIEBSSYSTEM** Ⓔ), der Hersteller der Hauptplatine (= Eintrag **SYSTEMHERSTELLER** Ⓕ), Daten zum Prozessor (Eintrag **PROZESSOR** Ⓖ) oder der verfügbare Hauptspeicher (Eintrag **SPEICHER** Ⓗ) angezeigt (siehe Abbildung unten auf Seite 120).

Alle Daten zur Grafikkarte

Registerkarte ANZEIGE: Auf der Registerkarte **ANZEIGE** Ⓘ sind alle Informationen zu der im PC eingebauten Grafikkarte aufgeführt. In der Gruppe **GERÄT** finden Sie bei **NAME** und **HERSTELLER** Ⓙ das Modell und den Hardware-Hersteller. Bei **ANZEIGEMODUS** Ⓚ wird die aktuelle Bildschirmauflösung angegeben.

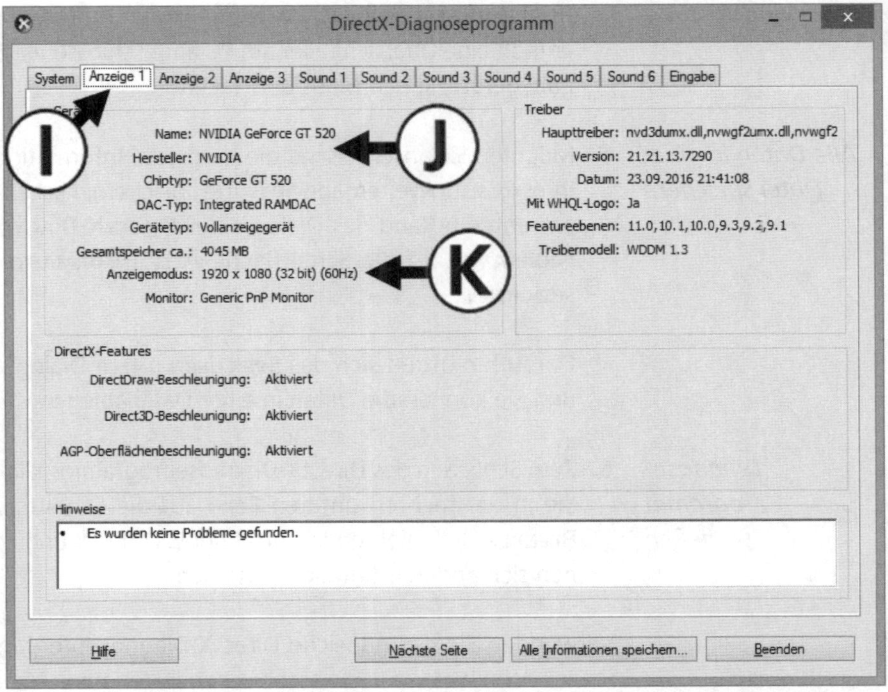

*Die Registerkarte **ANZEIGE** verrät alles über die im PC integrierte Grafikkarte.*

Stehen wie im Beispiel mehrere Registerkarten mit der Bezeichnung **ANZEIGE** zur Verfügung, sind am PC mehrere Bildschirme angeschlossen, und jeder Bildschirm führt zu einer weiteren Registerkarte.

Wer ist für den Ton zuständig?

Registerkarte SOUND: Ein Blick auf die Registerkarte **SOUND** liefert die Informationen zu der im PC eingebauten Soundkarte, sprich zu dem Teil Ihres PCs, der für die Tonwiedergabe zuständig ist.

Stehen wie im Beispiel mehrere Registerkarten mit der Bezeichnung **SOUND** zur Verfügung, hat der PC mehrere Anschlüsse zur Tonausgabe, und jeder Anschluss führt zu einer Registerkarte.

Maus und Tastatur

Registerkarte EINGABE: Die letzte Registerkarte **EINGABE** enthält eine Übersicht aller am PC angeschlossenen Eingabegeräte, sprich Maus und Tastatur.

Alle Daten in einer Datei speichern

5. Möchten Sie anschließend die Hardware-Informationen Ihres PCs zur Weitergabe an Dritte speichern, klicken Sie am unteren Rand des Dialogfeldes **DIRECTX-DIAGNOSEPROGRAMM** auf die Schaltfläche **ALLE INFORMATIONEN SPEICHERN**.

   Daraufhin öffnet sich das **SPEICHERN UNTER**-Dialogfeld, und Sie können die Daten in einer Datei ablegen.

Diagnoseprogramm schließen

6. Zum Schließen des DirectX-Diagnoseprogramms klicken Sie in der rechten unteren Ecke auf die Schaltfläche **BEENDEN**. Jetzt kehren Sie zu Windows zurück und können sich anderen Aufgaben widmen.

Verwenden Sie das nützliche DirectX-Diagnoseprogramm immer dann, wenn Sie die technischen Daten Ihres PCs auf einen Blick angezeigt bekommen möchten. ❖

Wie kann ich ein zusätzliches WLAN einrichten?

WLAN-Signal für die Wohnung benötigt

Frage: *Der DSL-Router steht bei mir im Keller im Hausanschlussraum. Da die Kellerräume aus Stahlbeton errichtet wurden, kommt kein WLAN-Signal von dort in den beiden darüber liegenden Wohnungen an. Ich habe deshalb seinerzeit Netzwerkleitungen verlegen lassen, an die ich meinen PC anschließe.*

Künftig möchte ich in der Wohnung zusätzlich WLAN nutzen, um mit meinem neuen Windows-10-Notebook mobil im Internet surfen zu können oder meinen Gästen den Internetzugang per WLAN zu ermöglichen. Wie kann ich so etwas am einfachsten erreichen?

Herr Richards

Zusätzlichen „WLAN Access Point" installieren

Antwort: Wenn der Router im Keller keine nutzbaren WLAN-Signale aussenden kann, setzen Sie in der Wohnung einfach einen sogenannten „WLAN Access Point" ein. Das englische Wort steht für „drahtloser Zugriffspunkt" und wird manchmal auch mit dem Begriff „Basisstation" übersetzt.

Der WLAN Access Point bekommt per Kabelverbindung die Internetdaten vom Router geliefert. Sie werden dann in Funksignale umgewandelt, die somit von allen WLAN-Geräten, die sich im Umkreis des WLAN Access Points befinden, genutzt werden können.

Bereits ab 50 Euro hochwertige Geräte erhältlich

WLAN Access Points werden von unterschiedlichen Herstellern in den verschiedensten Qualitätsstufen angeboten. In der Redaktion haben wir gute Erfahrungen mit den Geräten des deutschen Herstellers AVM gemacht. AVM bietet Access Points zum Preis zwischen 40 und 75 Euro an. In der folgenden Anleitung kommt das günstigste AVM-Gerät „FRITZ!WLAN Repeater 450E" zum Einsatz.

Der Access Point ist mit seinen 8 x 10 cm sehr handlich (Foto: www.avm.de)

Lassen Sie sich nicht von dem Begriff „WLAN Repeater" irritieren, den der „FRITZ!WLAN Repeater 450E" im Namen trägt.

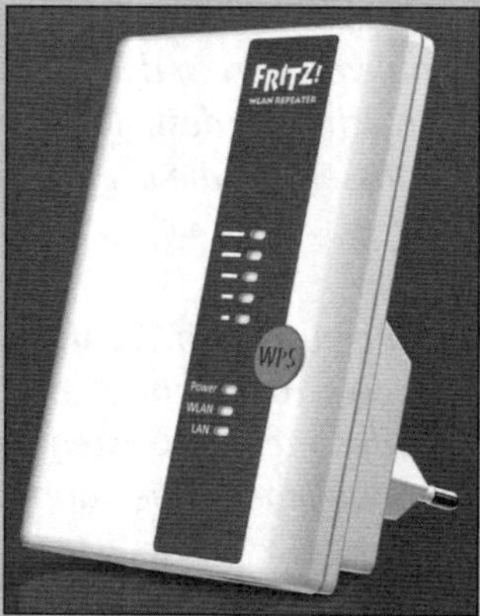

Sehr praktisch: Der „FRITZ!-WLAN Repeater 450E" kann sowohl als Repeater als auch als Access Point eingesetzt werden und wird direkt in die Steckdose gesteckt.

Ein WLAN Repeater ist ein Gerät, das Funkdaten aufnimmt, verstärkt und wieder abstrahlt. Damit lässt sich die Reichweite von Funknetzwerken vergrößern.

Diese Funktion beherrscht auch das AVM-Modell, das aber zusätzlich auch als WLAN Access Point genutzt werden kann. AVM bezeichnet die Access-Point-Funktion übrigens als „LAN-Brücke".

In wenigen Schritten einsatzbereit

Die Einrichtung des „FRITZ!WLAN Repeater 450E" ist unter Windows 10 (bei den anderen Windows-Versionen sind die folgenden Schritte weitgehend gleich) in wenigen Schritten erledigt:

1. Verbinden Sie die Netzwerkbuchse auf der Unterseite des „FRITZ!WLAN Repeater 450E" mit dem Netzwerkkabel, dessen anderes Ende im Router steckt.

Warten, bis der Repeater betriebsbereit ist

2. Stecken Sie den Repeater jetzt in die Steckdose. Warten Sie, bis auf der Vorderseite die drei untersten Lampen **Power**, **WLAN** und **LAN** dauerhaft leuchten.

3. Jetzt kommt Ihr Windows-10-Notebook zum Einsatz, das Sie bereits per Kabel am Router angeschlossen haben. Klicken Sie in der Taskleiste mit der **linken** Maustaste auf das NETZWERK-Symbol Ⓐ. Die Übersicht aller von Ihrem Notebook gefundenen Netzwerke klappt auf. Klicken Sie hier auf den Eintrag **FRITZ!WLAN REPEATER 405E** Ⓑ.

Das AVM-Gerät erscheint als eigenständiges WLAN

4. Der Eintrag wird erweitert und zeigt zusätzliche Optionen an. Schalten Sie das Kontrollkästchen **AUTOMATISCH VERBINDEN** Ⓒ aus, und klicken Sie auf **VERBINDEN** Ⓓ.

Die Verbindung wird nur zur Einrichtung benötigt

5. Sie werden zur Eingabe des Netzwerkschlüssels aufgefordert. Geben Sie in dem Textfeld Ⓔ achtmal die Ziffer „0" ein (= Standardeinstellung, die auch auf der Unterseite des „FRITZ!WLAN Repeater 450E" aufgedruckt ist). Bestätigen Sie mit **WEITER** Ⓕ (s. Abbildung Seite 126).

Der vorbelegte Netzwerkschlüssel lautet „00000000"

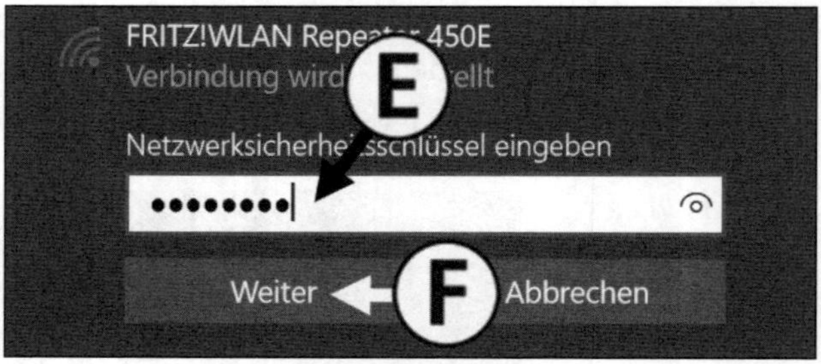

6. Die Verbindung zum AVM-Gerät wird geprüft und hergestellt. In der Liste mit den WLAN-Geräten erscheint jetzt der Hinweis **VERBUNDEN, GESICHERT**.

Mit dieser Adresse öffnen Sie die Konfigurationsseite des Repeaters

7. Öffnen Sie im nächsten Schritt einen Browser (zum Beispiel Edge). Geben Sie in der Adressleiste die Adresse **http://fritz.repeater** **G** ein, und bestätigen Sie mit der Eingabe-Taste [↵].

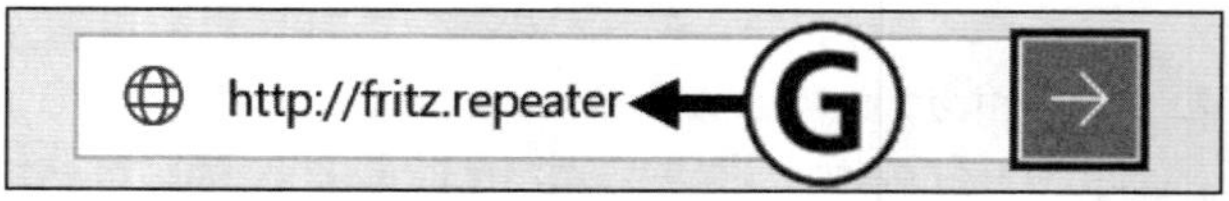

8. Die Konfigurationsseite des Repeaters öffnet sich. Tragen Sie im Textfeld **REPEATER-KENNWORT** ein neues Kennwort für den Zugang zu AVM-Geräten ein. Bestätigen Sie das neue Kennwort mit **OK**.

!

Das Kennwort benötigen Sie künftig immer dann, wenn Sie Änderungen an den Einstellungen vornehmen. Notieren Sie es sich deshalb, und bewahren Sie es sicher auf.

Assistent hilft bei der Einrichtung

9. Ein Assistent führt Sie jetzt Schritt für Schritt durch die Installation. Bestätigen Sie die Startmeldung mit **WEITER**.

Sobald die Anzeige gewechselt hat, klicken Sie bei der Auswahl des Heimnetz-Zugangs das Optionsfeld **LAN-BRÜCKE** Ⓗ an. Bestätigen Sie erneut mit **WEITER** Ⓘ.

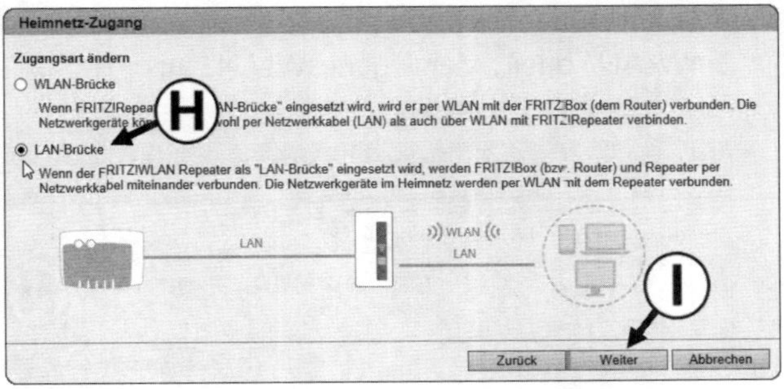

Damit der Repeater als Access Point arbeitet, wählen Sie LAN-BRÜCKE

10. Im nächsten Schritt lassen Sie das Optionsfeld **IP-ADRESSE AUTOMATISCH BEZIEHEN** aktiv Ⓙ. Das hat zur Folge, dass der Repeater von Ihrem Router automatisch eine eindeutige Nummer zugewiesen bekommt, unter der er ansprechbar ist.

    Diese Einstellung ist bei allen Routern standardmäßig so eingestellt, weshalb Sie sich darum nicht kümmern müssen. Klicken Sie auf **WEITER** Ⓚ.

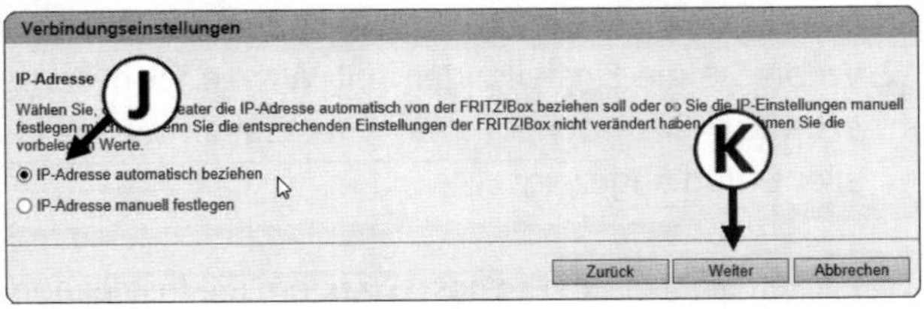

Die IP-Adresse erhält der Repeater von Ihrem Router

11. Tragen Sie im folgenden Schritt in dem Textfeld **NAME DES WLAN-FUNKNETZES (SSID)** Ⓛ (siehe Abbildung auf Seite 128) den Namen ein, unter dem Ihr WLAN künftig erscheinen soll. Der Name darf nicht bereits von den WLAN-Verbindungen in Ihrer Nachbarschaft genutzt

werden und sollte aus Sicherheitsgründen keinen Hinweis auf den Ort geben, an dem sich Ihr WLAN befindet.

Fantasienamen einsetzen

Wählen Sie also anstelle von Eigen- oder Straßennamen etc. Fantasiebezeichnungen wie „MeinWLAN", „NochEinWLAN" oder „MeinEigenesWLAN" aus.

Die SSID legt den Namen Ihres WLAN fest

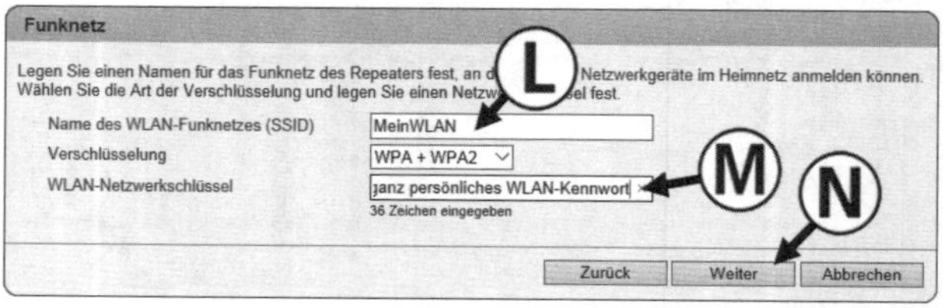

Langes Kennwort ist sicherer

Bei **WLAN-Netzwerkschlüssel** Ⓜ folgt erneut ein Kennwort, das mit demjenigen aus Schritt 8 **nicht** identisch sein darf. Bewährt haben sich Sätze, die bis zu 36 Zeichen lang sein dürfen, beispielsweise „KaumJemandWirdMe1nKennwortErrat3n".

Das hier eingetragene Kennwort benötigt künftig jeder, der sich mit Ihrem WLAN verbinden möchte. Notieren Sie sich auch dieses Kennwort, und bewahren Sie es an einem sicheren Ort auf.

Installation ist abgeschlossen

12. Wenn Sie die Einstellungen mit **Weiter** Ⓝ bestätigen, erhalten Sie noch einmal eine Zusammenfassung aller Daten angezeigt.

Klicken Sie hier auf **Fertigstellen**, um die Installation abzuschließen.

Der WLAN Access Point ist einsatzbereit

Ab sofort steht Ihnen der Repeater als WLAN Access Point zur Verfügung – und Sie können per Funkverbindung im Internet surfen, E-Mails abholen, mit Skype über das Internet telefonieren und vieles mehr. ❖

Wie erkenne ich, ob ein Computerspiel für meine Enkel geeignet ist?

Ist das Spiel altersgerecht?

Frage: *Meine sechs und acht Jahre alten Enkel sind immer wieder mal zu Besuch. Ab und zu würden sie beim Opa auch gern mal am Computer spielen. Wie kann ich herausfinden, welche Spiele überhaupt für die beiden Kinder geeignet sind? Sind die Altersangaben auf den Spieleverpackungen vertrauenswürdig?*

Herr Meis

Gremium für Selbstkontrolle

Antwort: Ähnlich wie bei Filmen die FSK-Angabe (FSK = **F**reiwillige **S**elbst**k**ontrolle der Filmwirtschaft) eine empfohlene Altersangabe für Filme im Kino oder auf DVDs/Blu Rays darstellt, gibt es für Videospiele die USK (= **U**nterhaltungssoftware **S**elbst**k**ontrolle).

USK-Empfehlung muss aufgedruckt sein

Waren die Freigaben der USK anfangs wie bei der FSK noch Empfehlungen, so sind sie seit 2003 mit der Neufassung des Jugendschutzgesetzes verpflichtende Alterseinstufungen Ⓐ.

Auf der USK-Internetseite gibt es ausführliche Erläuterungen zu den Kennzeichen

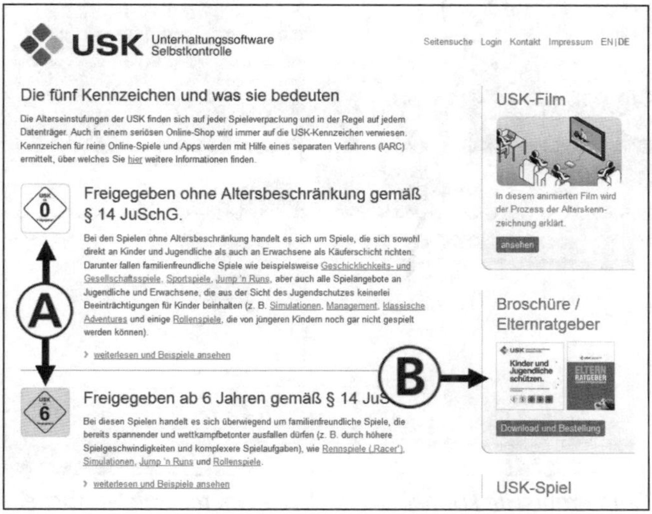

Sie müssen sowohl auf der Verpackung des Spiels als auch auf dem Datenträger selbst aufgedruckt sein.

Auf der Internetseite der USK finden Sie unter **www.usk.de** eine Übersicht neu geprüfter Spiele und können sich so einen schnellen Eindruck darüber verschaffen, ob ein Spiel altersgerecht ist.

Ratgeber zum Download

Außerdem finden Sie auf dieser Internetseite auch direkt auf der Startseite einen Link zur Broschüre „Kinder und Jugendliche schützen" **B**, die Sie als PDF-Datei herunterladen können.

Europäischer Standard: PEGI

Neben der USK gibt es auch eine europaweite Altersempfehlung, die das Kürzel PEGI trägt (= **P**an **E**uropean **G**ame **I**nformation). Im Internet finden Sie alle Details zu PEGI auf der Internetseite **www.pegi.info/de/**. Dort können Sie unter dem Menüpunkt **SPIELE SUCHEN** **C** auch nach geeigneten Computerspielen suchen.

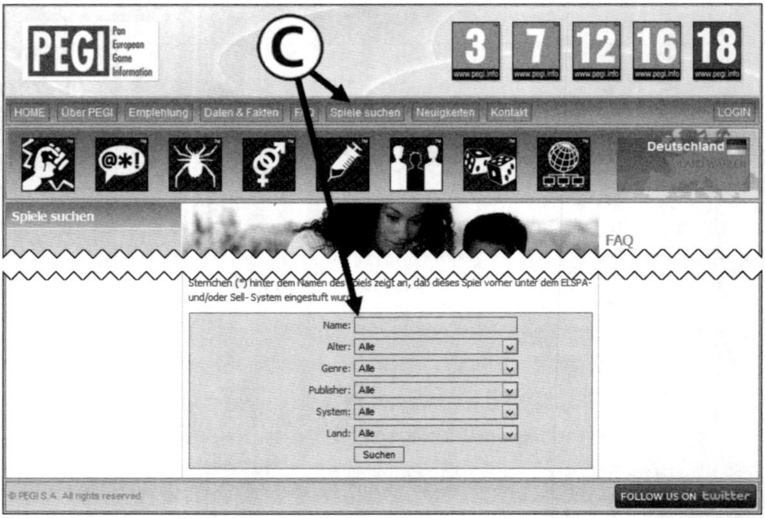

Auf der PEGI-Internetseite können Sie nach geeigneten Spielen suchen.

Im Gegensatz zur USK-Kennzeichnung, die gesetzlich verpflichtend ist, ist PEGI nur eine Empfehlung. Trotzdem sind auf vielen in Deutschland verkauften Spielen beide Kennzeichnungen zu finden.

Nur die USK-Kennzeichnung ist in Deutschland verpflichtend

USK und PEGI sind sich letztlich sehr ähnlich. Hilfreich ist bei PEGI, dass zusätzlich zu den Alterseinstufungen weitere Klassifizierungen für Gewalt, Sex, Angst, Drogen, Schimpfwörter, Diskriminierung, Glücksspiel und Online vorhanden sein können (siehe **www.pegi.info/de/index/id/54/**).

Weitere Kennzeichnungs-Klassifizierungen vorhanden

Resümee: Beide Kennzeichnungen sind letztlich nur eine Einschätzung der entsprechenden Kontrollgremien. Ob ein Kind tatsächlich schon alt genug für ein bestimmtes Spiel ist, diese Entscheidung müssen auf alle Fälle Sie treffen.

Entscheidung obliegt immer den Erziehungsberechtigten

Hier hilft ein Gespräch mit Gleichgesinnten weiter sowie anfangs beim Spielen mit dabei zu sein, um einen Eindruck vom Spielverlauf zu bekommen. ❖

Warum gibt meine Tastatur auf einmal keine Umlaute mehr aus?

Frage: *Manchmal passiert es mir, dass meine Tastatur mitten beim Schreiben plötzlich keine Umlaute mehr ausgibt. Wenn ich beispielsweise die Taste „ü" drücke, erscheint das Zeichen für die eckige Klammer „[". Nach einem Neustart des PCs ist dann wieder alles in Ordnung.*

Auf dem Bildschirm erscheinen falsche Zeichen

Habe ich mir etwa einen Virus eingefangen?

Herr Jauch

Antwort: Hier treibt zum Glück kein Virus sein Unwesen. Auf den meisten PCs sind standardmäßig zwei Tastaturbelegungen (sie werden auch als „Tastaturlayout" bezeichnet) installiert: die deutsche und die amerikanische.

Die markierten Zeichen unterscheiden sich bei einer deutschsprachigen von einer amerikanischen Tastatur.

Diese Zeichen sind beispielsweise „falsch"

Wenngleich die meisten Tasten bei beiden Sprachen an der gleichen Stelle platziert sind, unterscheidet sich doch die eine oder andere Taste. An der Stelle, an der bei einer deutschen Tastatur beispielsweise das „ß" sitzt, steht bei der amerikanischen Tastatur das Minuszeichen. Das „ü" entspricht der eckigen Klammer „[", die Taste mit dem Semikolon „;" ergibt auf der amerikanischen Tastatur die spitze Klammer „<", das „y" ergibt ein „z", das „ö" ein Semikolon „;", das „ä" ein Hochkomma „'" usw.

Wenn Sie also versehentlich Windows mitteilen, die amerikanische Tastaturbelegung zu nutzen, erscheinen auf dem Bildschirm beim Drücken der „deutschen" Tasten die „englischen" Pendants.

Wie Sie versehentlich die Tastaturbelegung ändern können?

Tastenkombination genügt zum Umschalten

Hierzu genügt es, die Tastenkombination [⇧]+[Alt] zu drücken – schon wechselt die Tastaturbelegung. Da Sie in Word beispielsweise mit [⇧]+[Alt]+[D] das Datum einfügen können, ist die Gefahr groß, beim Einsatz einer solchen Tastenkombination nicht schnell genug die dritte Taste zu drücken. Was dann zur Folge hat, dass prompt die Tastaturbelegung umgeschaltet wird.

Blick in die Statusleiste gibt Auskunft

Ob sich die Tastaturbelegung auf einem PC umschalten lässt, können Sie leicht kontrollieren: Werfen Sie einen Blick in die rechte Ecke der Taskleiste. Wird dort ein Kürzel wie „DEU" oder „ENG" (Windows 10 und 8.1) bzw. „DE" oder „EN" (Windows 7) angezeigt Ⓐ? Dann sind mehrere Tastaturbelegungen installiert und Sie können mit [⇧]+[Alt] umschalten.

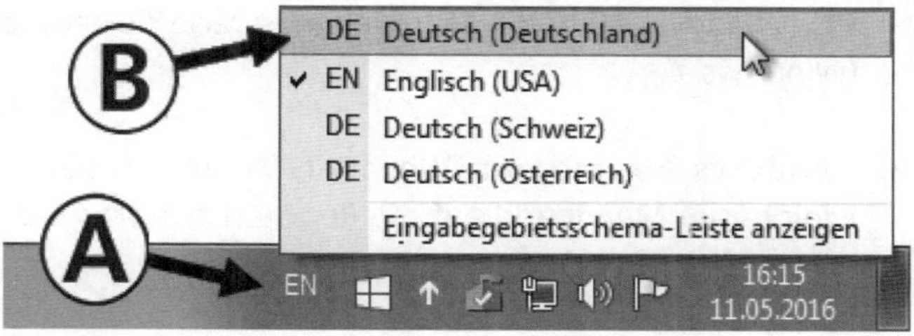

Die Sprache kann per Tastenkombination oder über die Taskleiste gewechselt werden

Umschalten per Mausklick

Wird beispielsweise „ENG" bzw. „EN" angezeigt und Sie drücken [⇧]+[Alt], wechselt die Anzeige auf „DEU" bzw. „DE", und die Umlaute sind wieder verfügbar.

Alternativ dazu können Sie auch mit der **linken** Maustaste auf das Sprachkürzel Ⓐ in der Taskleiste klicken. Daraufhin klappt ein Menü auf, in dem Sie die gewünschte Sprache mit einem Klick mit der **linken** Maustaste Ⓑ wählen. ❖

Wie viel Speicherplatz habe ich noch auf der Festplatte meines PCs?

Frage: *Wie kann ich möglichst übersichtlich herausfinden, wieviel Platz auf den Festplatten meines PCs noch frei ist?*

Frau König

Der Windows-Explorer gibt ausführlich Auskunft

Antwort: Nutzen Sie zum Herausfinden des freien Speicherplatzes einfach den Windows-Explorer. Denn hier bekommen Sie nicht nur ein paar Zahlen angezeigt, sondern können sich den freien Speicherplatz auch als farbigen Balken darstellen lassen.

So gehen Sie vor:

1. Drücken Sie zum Öffnen des Windows-Explorers die Tastenkombination [⊞]+[E]. Klicken Sie in der linken Hälfte des Windows-Explorer-Fensters auf den Eintrag **Dieser PC** (Windows 10 und 8.1) beziehungsweise **Computer** (Windows 7).

Ansicht auf Details ändern

2. **Windows 10 und 8.1:** Wechseln Sie im Windows-Explorer im Menüband auf die Registerkarte **Ansicht**. Klicken Sie in der Gruppe **Layout** auf **Details**.

   Windows 7: Klicken Sie in der rechten oberen Ecke des Windows-Explorers auf den Dropdown-Pfeil neben der Schaltfläche **Ansicht**. Wählen Sie im aufgeklappten Menü den Befehl **Details**.

Tabellarische Übersicht aller Laufwerke

3. In der rechten Hälfte des Windows-Explorer-Fensters werden jetzt alle Laufwerke Ihres PCs in tabellarischer Form angezeigt. Klicken Sie in der Kopfzeile der Übersicht mit der **rechten** Maustaste auf den Eintrag **Name** Ⓐ. Anschließend klappt ein Menü auf, in dem Sie den Befehl **Prozent belegt** Ⓑ anklicken (siehe Abbildung auf Seite 135).

Übersicht um neue Spalte erweitern

4. Das Kontextmenü wird geschlossen, und in der Übersicht erscheint eine weitere Spalte Ⓒ, die den belegten Speicherplatz für jedes Laufwerk in Form eines Prozentbalkens anzeigt. Ist auf dem Laufwerk weniger als 10 Prozent frei, wird der Balken in roter Farbe angezeigt.

So erkennen Sie auf einen Blick, auf welchem Laufwerk Sie dringend Platz schaffen müssen.

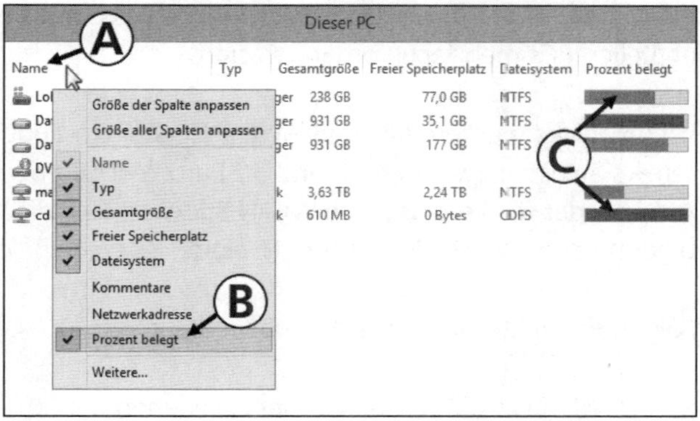

Die zusätzliche Spalte PROZENT BELEGT *zeigt für jedes Laufwerk in einem Balken die aktuelle Belegung an*

Der Windows-Explorer merkt sich Ihre Einstellung, sodass Sie die Schritte 3 und 4 für mehr Übersicht bei der Speicherplatzbelegung nur ein einziges Mal ausführen müssen. ❖

Wie verbinde ich meinen Desktop-PC mit dem WLAN?

Router ist weit weg

Frage: *Der Router für die Internet-Verbindung steht in unserer Wohnung weit entfernt von meinem Desktop-PC. Deshalb möchte ich gerne auf eine Kabelverbindung verzichten und den Desktop-PC per Funkverbindung mit dem Router verbinden. Der Router verfügt standardmäßig über WLAN, bei meinem Desktop-PC habe ich keine WLAN-Verbindung gefunden. Was muss ich tun?*

Herr Franke

Antwort: Während in Notebooks und Tablets eine WLAN-Netzwerkkarte eingebaut ist, fehlt ein solcher Anschluss bei den meisten Desktop-PCs. Sie verfügen lediglich über einen Anschluss für eine Netzwerk-Kabelverbindung.

WLAN-Netzwerkkarte nachrüsten

Die WLAN-Netzwerkkarte lässt sich leicht und kostengünstig in Form eines USB-WLAN-Netzwerk-Sticks, kurz „WLAN-Stick", nachrüsten. Alles was Sie dazu an Ihrem Desktop-PC benötigen, ist ein freier USB-2.0/-3.0-Anschluss, wie sie an aktuellen PCs mehrfach vorhanden sind.

WLAN-Sticks werden von zahlreichen Herstellern angeboten – sie kosten zwischen 10 und 30 Euro. Wichtig bei der Auswahl des für Sie passenden WLAN-Sticks ist, dass die Verbindung zum WLAN-Router funktioniert.

Folgende Punkte sind deshalb zu beachten:

Checkliste

☑ WLAN-Sticks gibt es in zwei verschiedenen Bauformen:

- ultrakompakte Nano-Sticks, kaum größer als ein 10-Cent-Stück
- Sticks in Standardgröße, die etwa so groß sind wie ein USB-Speicher-Stick.

Unterschiedliche Bauformen

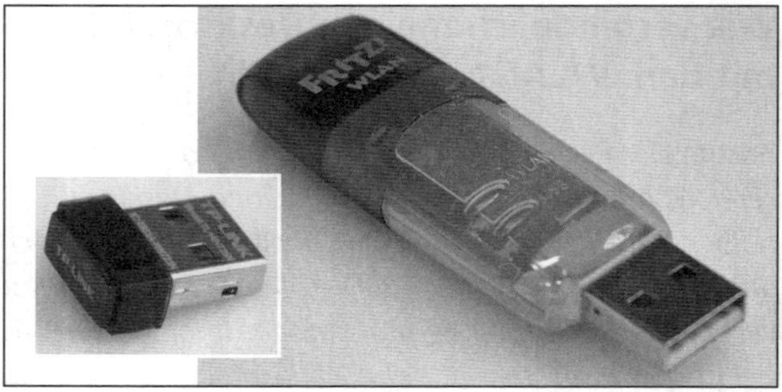

Links befindet sich ein Nano-Stick, rechts ein Stick in Standardgröße

☑ Nano-Sticks haben den Vorteil, nach dem Einstecken im PC nicht herauszustehen. Es besteht kaum die Gefahr, an einem solchen Stick hängen zu bleiben und ihn abzubrechen.

☑ Der Nachteil der Nano-Sticks ist – bedingt durch die kompakte Bauform – die wenig leistungsstarke eingebaute WLAN-Antenne. Hier punktet der WLAN-Stick in der Standardgröße, der über eine größere Antenne und somit über einen besseren Empfang verfügt.

Nano-Sticks haben schlechteren Empfang

☑ Wird der Nano-Stick auf der Rückseite des PCs eingesteckt, und der WLAN-Router befindet sich weit entfernt, schirmt das metallene PC-Gehäuse die WLAN-Funkverbindung oft stark ab, sodass die WLAN-Verbindung nicht oder nur im Schneckentempo arbeitet.

☑ Bei WLAN-Sticks in Standardgröße ist oft ein USB-Verlängerungskabel dabei, mit dem der Stick beispielsweise weit oberhalb der Tischplatte platziert werden kann. So ist der WLAN-Empfang ungestört.

USB-Verlängerungskabel zur perfekten Platzierung des Sticks

☑ Eine Alternative zu Sticks in Standardgröße sind die Sticks mit anschließbarer Antenne. Die Antenne sorgt in aller Regel für einen ausgezeichneten Empfang.

Sticks mit großer Antenne

Der Nachteil: Sie steht weit vom Gerät ab und sollte deshalb nur an USB-Anschlüssen genutzt werden, bei denen keine Gefahr besteht, daran hängen zu bleiben.

Die Antenne am WLAN-Stick erhöht die Sende- und Empfangsleistung deutlich.

Empfehlung der Redaktion

Für den Einsatz am Desktop-PC ist der WLAN-Stick in Standardgröße mit USB-Verlängerung die beste Lösung. Anbieter wie AVM oder Netgear bieten gute Qualität und ein ausgezeichnetes Preis-Leistungs-Verhältnis.

Nano-Sticks eignen sich nur dann, wenn der WLAN-Router in Sichtweite zum PC steht – dann lässt sich oft aber auch ein Netzwerkkabel nutzen. ❖

Notizen

Notizen